ASESINADO EN COMBATE

José Álvarez (Antilla, Cuba, 1940). Militó en el movimiento 26 de Julio desde su fundación en 1955 hasta su disolución en 1960. Asistió a la escuela de Derecho en las universidades de Oriente y La Habana. Después de un largo período de espera logró salir hacia los Estados Unidos con su esposa e hija en 1969. Obtuvo un Ph.D. en Economía de Alimentos y Recursos en la Universidad de la Florida, donde realizó toda su carrera académica hasta su jubilación, cuando le fue conferido el título de profesor emérito. Fundó el proyecto «Repensando la Rebelión Cubana de 1952-1959». El autor reside en Wellington, Florida, con su esposa, hijos y nietos.

José Álvarez

ASESINADO EN COMBATE

La historia del comandante Daniel

De la presente edición, 2018

© José Álvarez
© Editorial Hypermedia

Editorial Hypermedia
www.editorialhypermedia.com
www.hypermediamagazine.com
hypermedia@editorialhypermedia.com

Edición y corrección: Editorial Hypermedia
Diseño de colección y portada: Herman Vega Vogeler

ISBN: 978-1-948517-02-7

PREFACIO

¡Y que esos amagos de la ley de Saturno sean rechazados!
¡Que esta Revolución no devore a sus propios hijos!
¡Que la Ley de Saturno no imponga sus fueros!

Fidel Castro[1]

Cuando Fidel Castro pronunció esas palabras ya la Ley de Saturno había impuesto sus fueros. No una, sino varias veces. Tal vez su primera víctima fue el máximo dirigente del Movimiento 26 de Julio Frank País (David), asesinado en las calles de Santiago de Cuba víctima de una posible delación interna. La segunda fue la persona seleccionada por sus compañeros para ocupar el cargo del fallecido País: René Ramos Latour (Daniel).

Esta obra continúa la labor iniciada con el proyecto «Repensando la rebelión cubana de 1952-1959». Muchos de los sucesos que narran las páginas de la historia oficial de Cuba se han investigado para revelar la verdad. Dentro de ese proceso sobresale la supuesta muerte en combate de René Ramos Latour (Daniel). Esta obra agrega nueva información a la ya publicada por el autor para presen-

---

[1]   Discurso en el juicio a Marcos Rodríguez, 24 de marzo de 1964. Dicha comparecencia durante la segunda vista del juicio se puede encontrar en http://www.latinamericanstudies.org/cuba/Bohemia-4-3-1964.pdf.

tar, de manera clara e inequívoca, las circunstancias que condujeron a la muerte del antiguo dirigente nacional del Movimiento 26 de Julio quien, después de ser purgado en la reunión del Alto de Mompié, fue llamado a reintegrarse a la guerrilla para ser enviado casi diariamente a la línea de fuego hasta convertirlo en el primer comandante asesinado en combate, como reza el título de este libro. Desde todos los puntos de vista, la muerte de Daniel desafía el concepto de probabilidad estadística.

ANTECEDENTES

Esta historia comienza con el golpe de estado de Fulgencio Batista el 10 de marzo de 1952, cuando apenas faltaban unas semanas para la celebración de elecciones generales donde el golpista aparecía en el último lugar de preferencia popular en todas las encuestas. Los mandos militares fueron cayendo en manos de los sublevados. Solo quedaba Santiago de Cuba. Junto a los estudiantes, el pueblo de la capital oriental estuvo protestando hasta que, con la caída de la noche, el Cuartel Moncada pasaba a manos de un arribista llamado Alberto del Río Chaviano.

Entre los que protestaban se encontraba un joven llamado René Ramos Latour, quien luego mostró sus simpatías por el grupo que atacó los cuarteles de Santiago de Cuba y Bayamo el 26 de julio de 1953, liderados por Fidel Castro Ruz. Cuando este grupo fue beneficiado con una amnistía el 15 de mayo de 1955, se fundó el Movimiento 26 de Julio antes de que Fidel Castro partiera rumbo al exilio en México. La primera prioridad para los que quedaron al frente de la organización en Cuba fue reclutar al joven dirigente santiaguero Frank País. En su recorrido por la provincia oriental País conoció a Ramos Latour, quien trabajaba de contador en las minas de Nicaro. En ese momento comenzó una sincera amistad.

Frank País viajó a México dos veces para preparar el levantamiento del 30 de noviembre de 1956, pero el yate *Granma* donde viajaba Castro con 81 expedicionarios no llegó hasta dos días después. La organización sufrió grandes pérdidas. La labor de reorganizar el Movimiento y ayudar a que se mantuviera viva la frágil guerrilla de la Sierra Maestra recayó en los hombros de Frank País, quien contaba ya con la valiosa ayuda de Ramos Latour.

¿QUIÉN ERA RENÉ RAMOS LATOUR?[2]

---

[2] Esta sección está basada en Álvarez (2008: 176-177).

Casa natal de René Ramos Latour, en Antilla, Oriente.

René Gilberto Ramos Latour nace en Antilla, en la costa norte de la provincia de Oriente, el 12 de mayo de 1932. René fue el sexto de los ocho hijos que tuvieron Ernesto Ramos e Isabel Latour. Desde pequeño conoció de las luchas sindicales pues su padre, contador de la Aduana, perdió el empleo por haberse sumado a la huelga de empleados públicos en 1935. Pasó entonces a administrar la finca de su cuñada hasta que aceptó un empleo en Nicaro y decidió que la familia se estableciera en Santiago de Cuba a fines de 1941.

René asistió a la escuela primaria y se distinguió como estudiante. Formaba parte también de las corales y representaba obras de teatro. Al terminar el sexto grado se matriculó en una academia donde le enseñaron solfeo, canto, piano y desarrollo de la voz. Su familia le llamaba «el tenorcito». La situación financiera de la familia empeoró y René tuvo que comenzar a trabajar a los 15 años en oficinas de abogados. Se presentó entonces a exámenes de ingreso en la Escuela Profesional de Comercio y logró una de las únicas dos plazas disponibles. Mientras cursaba sus estudios desempeñaba varios trabajos. Se enfrascaba también en la lectura y el deporte.

El golpe de estado de Batista lo sorprendió en el último año de su carrera. Acudió a protestar con el resto de los santiagueros al Parque Céspedes de la ciudad. A pesar de no haber mostrado simpatías hacia ninguna organización política, el asalto al poder lo colocó frente a los golpistas desde ese mismo día. A finales de ese año se traslada a Nicaro para trabajar como contador en las empresas norteamericanas propietarias de las minas de níquel. Simpatiza con los asaltantes a los cuarteles de Santiago y Bayamo el 26 de julio de 1953 y comienza a realizar actividades subversivas en su centro de trabajo.

A mediados de 1955, días después de ser liberados Fidel Castro y los asaltantes a los cuarteles de Santiago y Bayamo como resultado de una amnistía, se funda el Movimiento Revolucionario 26 de Julio y Frank País es designado su jefe en la provincia oriental. Comienza a organizarlo visitando la mayor parte de la provincia, incluyendo la ciudad de Mayarí y, al día siguiente, Nicaro. Entre los escasos asistentes se encuentra René. Se elige un comité gestor para Oriente-Norte (Antilla, Cueto, Mayarí, Nicaro y Sagua de Tánamo) y René es designado el jefe en las minas de Ocujal y Rafael Orejón el de la planta. Ambos se dedican a las tareas de proselitismo y organización. Como René tiene familia en Santiago de Cuba, es quien viaja a la ciudad a recibir instrucciones y de esa manera se relaciona con muchos de los dirigentes de la organización. Hay que señalar que René se había matriculado «por la libre» (una variante donde el estudiante sólo tenía que asistir a tomar los exámenes) en la Universidad de la Habana en la carrera de contador público, la cual terminó rápida y exitosamente en 1956. Se matriculó entonces en las licenciaturas de Derecho Administrativo y Derecho Diplomático y Consular, las cuales no puede concluir por la intensificación de la lucha revolucionaria y su incorporación a la incipiente guerrilla de la Sierra Maestra. René sube a la Sierra representando a la Dirección Nacional del Movimiento en el primer refuerzo que envía País en marzo de 1957. Antes de ello, había tomado parte en varias acciones en la costa norte en apoyo al alzamiento del 30 de noviembre de 1956 y presenciado los crímenes de las Pascuas Sangrientas semanas después. Uno de los 23 asesinados es Rafael Orejón y Frank País nombra a Ramos Latour para que lo sustituya.

René permanece en la guerrilla durante dos meses. A fines de mayo baja a Santiago a cumplir una misión relacionada con la adquisición de armas. Junto a Frank, usando el sobrenombre de «Daniel», libraría numerosas batallas frente a la dictadura y mostraría su capacidad de organizador y dirigente. Es a él a quien Frank escoge para dirigir el esfuerzo del Segundo Frente en el Central Miranda a fines de junio de 1957. Se convierte en su mano derecha y confidente. Con más libertad de movimientos, René realiza ahora muchas de las funciones de País, hasta que este es asesinado el 30 de julio de 1957. Al día siguiente, es nombrado por la Dirección Nacional reunida en Santiago de Cuba como el nuevo coordinador nacional del Movimiento 26 de Julio. Se dedica por entero a continuar los planes de su predecesor. Organiza las milicias a nivel nacional. Se mueve constantemente por todo el país. A la huelga del 9 de abril de 1958 le dedica su afán pero la huelga fracasa. El grupo que ha liderado en el asalto al cuartel de la guardia rural en Boniato decide alzarse y permanecer independiente hasta que es obligado a entregar su tropa al comandante Raúl Castro, que ya se encuentra en el II Frente Oriental. El 3 de mayo de 1958 participa en una reunión en el Alto de Mompié en la Sierra Maestra convocada por Castro para analizar las razones del fracaso de la huelga y depurar la dirección de la organización en el Llano. Ramos Latour es destituido de su cargo y ordenado por Castro a regresar a las montañas, donde muere el 30 de julio.

EL PAPEL DE ERNESTO GUEVARA[3]

---

[3] Álvarez (2008: 221-226).

La importancia de Guevara en la instauración del totalitarismo en Cuba se va conociendo más por la información que van revelando nuevas publicaciones. Su actuación es importante para el tema de este libro debido al antagonismo que siempre existió entre Guevara y Ramos Latour. La historia está repleta de «casualidades». Pero todos sabemos que la implantación de un sistema comunista no es un evento aleatorio. La actuación de Guevara en la agenda secreta de Fidel Castro es de suma importancia, como revelan estas páginas.

Ernesto Guevara conoce a varios moncadistas en la Guatemala de Jacobo Arbenz. Hace amistad con Antonio (Ñico) López y ambos se encuentran de nuevo en México, estando Guevara ejerciendo en una ayudantía de alergia en el Hospital General y de Cardiología del Distrito Federal. López lo lleva a casa de María Antonia González para que conozca a Fidel. Guevara contó luego que, ya de madrugada, era uno de los futuros expedicionarios[4].

Otro encuentro, al que le atribuyen un origen fortuito, fue el de Raúl Castro con Nikolai Leonov, el ofi-

---

[4] Hernández Garcini y otros (2004: 64).

cial de la KGB que había conocido durante su viaje de regreso de los países socialistas en el verano de 1953. Raúl lo introduce en el círculo fidelista y es así como Guevara y otros comienzan a frecuentar la embajada de la Unión Soviética en México. Cuando Fidel Castro y varios de sus hombres son detenidos y encarcelados el 20 de junio de 1956, mientras que Castro declara no tener ideología, Guevara les confirma a las autoridades que es marxista-leninista.

Cuando son liberados, Castro continúa sus contactos con la dirigencia del Partido Socialista Popular (PSP), que agrupaba a los comunistas criollos, y que aparentemente le sirvieron de intermediarios con la Unión Soviética para solicitar ayuda durante la lucha en las montañas y la promesa de la misma una vez alcanzado el triunfo.[5]

Otro encuentro casual parece dar fe de la afirmación anterior. Próximos a partir hacia Cuba, Castro recibe la visita, aparentemente procedente de Moscú (aunque ellos afirman que venía de La Habana) del dirigente Flavio Bravo, a quien el azar lo hizo encontrarse con Jesús Montané en la avenida Mederos, conduciéndolo a una reunión con Fidel Castro. Reynel Aguilera afirma en su *Razones de Angola VI*: «Mucho más creíble… es que Flavio Bravo haya llegado a Méjico desde Moscú (con todas las escalas y contramarchas necesarias) por otras razones, y con otros recados, lo cual sería altamente indicativo de un conocimiento demasiado temprano (para el ego y la leyenda castrista) por parte de la inteligencia soviética».

---

[5] Estas aseveraciones se originan en una investigación que estoy llevando a cabo sobre el exilio de Fidel Castro en México, sus relaciones con el PSP y la KGB y las conversaciones que sostuvieron, bajo el tentativo título: *El verdadero Pacto de México: Fidel Castro y la Unión Soviética*.

La estadía de Fidel Castro y sus hombres en México, y las relaciones estrechas con los comunistas cubanos y soviéticos, echan por tierra el sueño quimérico de la «revolución de contragolpe» que asegura que la revolución fue forzada a refugiarse en el comunismo debido a las agresiones de los Estados Unidos. La historia deberá cambiarse para incorporar que, cuando el yate *Granma* surcaba las aguas del mar Caribe en busca de la costa occidental de la provincia de Oriente, la agenda secreta de Fidel Castro había perdido ya su original color verde olivo. Uno de los comprometidos más agresivos era el argentino Ernesto Che Guevara.

Desde el instante del desembarco ocurrido el 2 de diciembre de 1956, Guevara se convirtió en una figura importantísima, participando en decisiones que iban más allá de su aparente jerarquía en el movimiento revolucionario. Apenas a principios de febrero de 1957, la incipiente guerrilla descubre que un campesino llamado Eutimio Guerra los ha traicionado y piensa entregarlos al ejército. Cuando es capturado, Fidel le dio la orden a Universo Sánchez de fusilarlo, pero es Guevara quien le dispara a boca de jarro en la cabeza.[6]

A raíz de la victoria en el combate del 28 de mayo de 1957 en El Uvero, Guevara es ascendido de teniente médico de la tropa a capitán y se le asigna un grupo que es el primero que se desprende de la columna madre. Un mes después caen en las calles de Santiago de Cuba Josué

---

[6] Sánchez narra después que entre Guevara y él lo cargaron para sacarlo de allí y «no matarlo delante de la gente». Guerra iba pidiéndoles que lo mataran. Sánchez le dio una botella de ron, que el detenido consumió mientras caminaban en medio de un torrencial aguacero. Cuenta Universo: «Yo traía un rifle y entonces El Che saca una pistola 22, y le da un tiro por aquí. ¡Coño, Che, lo mataste! Se cayó boca arriba ahí, boqueando. Y los relámpagos. Aquello era del diablo, horroroso» (Taibo 1996: 162).

País y dos de sus compañeros. Cuando el 21 de julio el mando rebelde escribe una carta a Frank expresándole el pesar por la muerte de su hermano, al llegar al nombre de Guevara en el grupo de la firma, Fidel le dice a Celia: «Ponle comandante».[7] Los 75 hombres de la recién estrenada Columna 8 «Antonio Guiteras» parten hacia la zona de El Hombrito a cambiar sus vidas nómadas por otra más sedentaria. Surgen varias interrogantes: ¿Por qué asciende Fidel Castro a Ernesto Guevara tan vertiginosamente? ¿Acaso no es un hombre asmático, con poca experiencia militar, que fue reclutado como médico? ¿Cuál es su interés en separarlo de su tropa de la Columna 1 con la independencia que eso conlleva? El «¿por qué el Che?» se pregunta también uno de sus biógrafos, agregando:

El Che no se ha destacado militarmente... más allá que como un combatiente arriesgado, no es cubano, hasta hace muy poco era el médico de la guerrilla y su grado en esos momentos es de simple combatiente. ¿Qué ve Fidel en el Che? ¿Su rigor, su empecinamiento, su tesón aplicado a imposibles, su actitud igualitaria que lo hace un ejemplo, o la capacidad de mando en situaciones difíciles que ha mostrado al quedarse aislado con los heridos? Sea lo que sea, Fidel... acertará de nuevo.[8]

Creo que Fidel Castro «había acertado ya» pues ya no existe una sola duda de que Guevara era tal vez el principal sujeto de la guerrilla con responsabilidades ideo-

---

[7] La escena ha sido descrita en numerosas fuentes. Una de ellas es http://www. stormpages.com/marting/eldiaque.htm y otra es Franqui (1976: 261-262).

[8] Taibo (1996: 182).

lógicas muy superiores al resto de los expedicionarios. El propio Castro le explicó a Guerra Alemán (1971) durante su estadía en la Sierra Maestra en misión periodística: «Es un tipo podrido de ideas marxistas, pero si lo analizas podrás ver que es el hombre mejor preparado de la Sierra... El Che... no es tan bueno en el combate sino preparando las condiciones para el combate. Es el organizador del ejército rebelde, tanto en estructuración de cuadros como en problemas de logísticas» (p. 58). Cerca de abandonar las montañas el periodista, al tocar el tema de la agricultura, confiesa: «Y es aquí donde comprendo, para mi espanto, que Fidel y el Che —dos hombres distintos, antagónicos en algunos aspectos— forman, sin embargo, un binomio perfecto de locos políticos» (pp. 114-115).

La respuesta del análisis final, sin embargo, pudiera estar en las actividades que realiza en la zona que Castro le ha asignado al recién estrenado primer comandante del Ejército Rebelde. Poniendo luego como excusa la poca atención que recibe de la Dirección Nacional del Movimiento, Guevara comienza a hacer contactos —justificados por esa aparente independencia del mando centralizado de Fidel Castro— con miembros del Partido Socialista Popular de Bayamo, Manzanillo, Palma Soriano y otras ciudades y pueblos cercanos. No parece importarle el disgusto de muchos militantes del Movimiento. Al darles la espalda a los luchadores del Llano que son quienes los suministran y aliarse con los marxistas leninistas criollos, está revelando que ya traían un plan bien delineado en México.

Cuando su auto-nominación para sustituir a Frank País no es ni siquiera considerada por los dirigentes en Santiago porque Guevara se la ha enviado a Castro y porque ya ha sido nombrado René Ramos Latour (Daniel) como el sustituto de Frank, Guevara se dedica a sentar las bases de lo que aspira sea la futura ideología de la revolución, con la anuencia y complacencia tácita del comandante en jefe. Funda a Radio Rebelde y la mantiene en su comandancia, al igual que el periódico «El cubano libre», también a su cargo. Pero va más allá. Cuando el Partido Socialista Popular (PSP), a petición suya en el verano de 1957, le envía a un joven negro de profundos conocimientos marxistas llamado Pablo Ribalta, éste organizó la incorporación de comunistas de la zona a la guerrilla y creó una escuela de adoctrinamiento político (Anderson 1997: 272). Luego lo asigna como el primer director de la escuela de reclutas del Ejército Rebelde que funda en Minas del Frío, donde éstos reciben instrucción académica e ideológica (Guevara 1963: 275-276).[9] El otro instructor en incorporarse fue Ursinio Rojas, dirigente comunista del sector azucarero, después de sostener una entrevista con Castro en octubre de 1957 (Rojas Blaquier 2006; Anderson 1997: 272-273). Estaba además el norteamericano Mark Herman, veterano de la guerra de Corea (Taibo 1996: 216), a quien algunos consideraban prófugo de la justicia de Estados Unidos. Fidel Castro delegó en Guevara la alianza con los comunistas criollos pero, «hasta que Fidel impusiera su supremacía sobre todo el Movimiento 26 de Julio, los vínculos con el PSP debían de ser tan graduales como discretos» (Anderson 1997: 273).

Cuando se firma el Pacto de Miami el 10 de noviem-

---

[9] El propio Ribalta ha declarado que «tenía instrucciones precisas de ocultar que era miembro del PSP [en realidad, era miembro del secretariado nacional de la Juventud Comunista], aunque Fidel y un grupo de dirigentes lo sabían; pero en aquel momento hubiera podido crear divisiones, y yo cumplí la orden al pie de la letra» (Anderson 1997: 272).

bre de 1957, la posición de Guevara influencia de nuevo la de Castro. Inmediatamente le dice algo desconocido incluso para muchos de los más íntimos dirigentes en aquella época, que revela la naturaleza de sus planes ocultos que incluyen, además de la implantación de un sistema comunista, la lucha anti-imperialista —como la verdadera causa de su proyecto— bajo la dirección única de Fidel Castro:

Creo que tu comportamiento de silencio no es lo más aconsejable en estos momentos. Una traición de esta magnitud indica claramente la diversidad de los caminos que se tomaron… **Desgraciadamente, tenemos que afrontar al tío Sam antes de tiempo** *[énfasis del autor]. Pero hay algo evidente: el 26 de Julio, la Sierra Maestra y vos, son tres individuos y un solo Dios verdadero.*
Creo que un documento escrito, con la inapreciable ayuda de un mimeógrafo nuevo que me llegará y aun con este cojo que tenemos, y con envíos simultáneos a jefes políticos y publicación en el periódico, puede dar la eficacia necesaria y **posteriormente, si la cosa se complica, con la ayuda de Celia destruir íntegramente a la DN** *[énfasis del autor] (Franqui 1976: 364).*

No demoró mucho tiempo en que Castro mostrara la constante preocupación que tenía por la seguridad personal de Guevara debido a sus actos temerarios. En una nota que le envía Fidel el 16 de febrero de 1958, le dice: «Te insisto seriamente a que tengas cuidado. Tú mismo no debes participar en el combate. Es una orden estricta. Ocúpate de guiar bien a los hombres; esto es lo más importante en este momento» (Anderson 1997: 278). No era la primera vez ni sería la última.

En los primeros días de marzo de 1958, en su camino de regreso del I Frente a Santiago de Cuba, Morán Arce (el mismo a quien se refieren meses después Guevara y Valdés en carta a Raúl Castro desde Las Villas, criticando a este último por no haberlo asesinado en el II Frente (Álvarez 2008: 192) es invitado por Guevara a visitarlo en su campamento de El Hombrito. Cuenta Morán Arce (1980: 213-214) que, durante la conversación que se prolongó por doce horas, Guevara trató de convencerlo de la necesidad de hacer una revolución socialista en Cuba y, por tanto, había que buscar una victoria militar. No podían contar con los miembros de la DN porque «van a recibir sus instrucciones de la Embajada americana». Aunque Guevara hablaba en primera persona, Morán tuvo la impresión de que, no sólo Fidel Castro conocía del encuentro, sino que había instruido a Guevara para que lo realizara.

Luego se celebra la reunión en el Alto de Mompié, donde Guevara juega el papel principal en la crítica a la dirigencia del Llano y en su destitución, con la consiguiente reestructuración del Movimiento cuyo poder queda en manos de Fidel Castro totalmente. Después de luchar contra la ofensiva de verano, inspirado aún por el éxito de Guevara en Mompié, Fidel Castro se decidió a dar un paso más arriesgado al ofrecerle a Guevara una oportunidad para continuar su labor en otros lugares de la isla. Le da la orden de marchar con su columna hacia el occidente del país. Su labor en Oriente ha concluido y sus servicios se necesitan en la parte central de Cuba, donde operan otras organizaciones. Sin contar al entonces capitán Ramiro Valdés, veterano del Moncada y el Granma y de su misma ideología, lleva a varios militantes comunistas en su columna. Uno es el capitán Armando Acosta Cordero, llegado de Sancti Spíritus directamente a su columna el verano anterior y convertido en hombre de su mayor confianza quien, por sugerencia del propio Guevara debido a ser ampliamente conocido como dirigente sindical, se cambia el nombre a Erasmo Rodríguez, para ocultar su militancia en el PSP.[10] Otro es el ya mencionado instructor político Pablo Ribalta, ya convertido en teniente. Otros militantes del PSP incluyen a Ángel Frías y Wilfredo Cabrera (Martin 1978: 267, n. 11). El domingo 31 de agosto de 1958 parten de Las Mercedes. Durante la semana que duró el trayecto por tierras orientales, Guevara trabaja con prácticos y mensajeros del Movimiento 26 de Julio. El domingo siguiente, 7 de septiembre, llega al límite de la provincia de Camagüey y lo cruza.

Los contactos con los militantes comunistas, y el desprecio a la dirigencia del Llano, continuaron, paso a paso, hasta llegar a la provincia de Las Villas y también una vez en ella, lo cual ratifican los siguientes hechos:[11]

- Al descubrirse la identidad de Armando Acosta, la dirección provincial del 26 de Julio en Las Villas pide a Guevara su separación de la tropa en una reunión que duró tres días. Guevara lo mantuvo en su cargo porque, según Acosta, «[Che] era co-

---

[10] El hecho es narrado en muchas fuentes. Este se tomó de una entrevista de Pastor Guzmán Castro a Armando Acosta titulada «El Che me pidió cambiar de nombre» y que aparece en http://www.escambray.cu/che/nombre.html.

[11] Los hechos a continuación fueron tomados de varias fuentes: Morán Arce (1980: 273-275), Bonachea y San Martín, (1974: 280-285), Martin (1978: 267-269), Iglesias Leyva (1979), Guzmán Castro («El Che») y Oltuski (2002).

munista de verdad y no se dejó presionar».

- Puso a los comunistas al frente de las labores más responsables: comunicaciones, suministros y organización, incluyendo la programación que se hacía con un transmisor de 1,000 vatios.

- Al protestar los dirigentes de Las Villas (Oltuski y Torres) de la infiltración comunista, Guevara les dijo ser el jefe máximo en la provincia y tener facultades para elegir a quien le viniera en gana.[12]

- Planteó —y perdió, pues Castro no estuvo de acuerdo y ya Frank País había emitido una orden prohibiendo dicha práctica— la necesidad de robar bancos como medio de obtener fondos para la lucha. Esta acción no era de naturaleza ideológica sino táctica.

- Ratificó y concedió nuevos grados que no merecían varios militantes del PSP, entre ellos Félix Torres, Antonio Núñez Jiménez, Isidro Pérez (a quien liberó de la prisión en que cumplía 30 años por asesinato y lo nombró teniente de su columna).

- Recibió a nuevos militantes enviados por el PSP: Cidroc Ramos, Guillermo Arrastía Fundora, José Galbán del Río, Ignacio Pérez Rivas, Fausto

---

[12] La discusión que tuvieron Marcelo Fernández y Enrique Oltuski con Ernesto Guevara en Las Villas ha sido documentada ampliamente: «Nuestra conversación fue áspera. Pero no peleamos mucho aquella noche… Che prometió su contribución escrita al programa [del M-26-7]. No sólo el programa, se debatía la negativa de la clandestinidad urbana de hacer un frente amplio con los comunistas del PSP» (Taibo 1996: 280).

Rodríguez, Irán Pratts y muchos otros.

- Cuando el coordinador general de Las Villas Enrique Oltuski le informó que las direcciones municipales amenazaban con renunciar debido a su comportamiento, le escribe el 3 de noviembre para decirle: «Me veo en la triste necesidad de recordarte que he sido nombrado comandante en jefe… renuncie o no renuncie yo barreré, con la autoridad de que estoy investido, con toda la gente floja de los pueblos aledaños a la Sierra.[13]

- Un oficial comunista del cuartel de Placetas, sitiado por fuerzas del Directorio, no se rindió hasta que llegó Guevara, quien lo incorporó a su columna con el grado de capitán.

- Incitó y propició el alzamiento en masa de los militantes del PSP en la última semana de diciembre de 1958 para aumentar su influencia en el gobierno luego del triunfo.

- Nombró al militante socialista Calixto Morales, un capitán de su columna, al frente del gobierno de Las Villas sin consultarlo siquiera con los dirigentes del Llano.[14]

---

[13] Fragmentos de la carta original aparecen en Taibo (1996: 276). La versión del libro de Oltuski en inglés contiene la traducción completa (2002: 198-199).

[14] El incidente lo describe en detalle Taibo (1996). Enrique Oltuski realiza un difícil y peligroso viaje hasta su campamento para llevarle la orden de Castro de que salga hacia la Habana pero, al llegar, Guevara le dice que ya lo sabe pues Fidel se comunicó con él por radio. Luego le informa haber nombrado a la autoridad civil de la provincia, acto que Oltuski califica como una muestra de «la desconfianza política que El Che

No hay dudas de que el comandante Guevara cumplió a cabalidad los planes que desarrolló con Fidel Castro. La aparente independencia que le proporcionó el recorrido invasor y su estadía en El Escambray hicieron posible el reforzar contactos, continuar intrigando y hacer aún más ancha la brecha que existía entre la Sierra y el Llano, de cuya existencia desde los mismos comienzos de la lucha, no existen dudas de que él fue un importante propulsor.

Su labor, una vez alcanzado el triunfo militar, se puede calificar de suma importancia. Fue el jefe del grupo del llamado «gobierno invisible» que se reunía en Tarará, mientras el de Castro lo hacía en Cojímar. Ambos tenían un solo propósito: instaurar un régimen de seguridad para comunizar la isla a la mayor brevedad posible con la ayuda de los comunistas domésticos y el apoyo de la Unión Soviética.

---

sentía por nosotros, los representantes del Llano» (pp. 329-330).

LA LABOR DE DANIEL
COMO SUSTITUTO DE DAVID

La selección de Ramos Latour[15]

La muerte de Frank País abrió una excelente oportunidad para que la facción de la Sierra le asestara al Llano un golpe definitivo. Tan pronto como Fidel Castro escuchó la noticia en la radio, le escribió una carta a Celia Sánchez que fue utilizada como Circular a los líderes y militantes del M-26-7: «Por el momento tú tendrás que asumir, respecto a nosotros, una buena parte del trabajo de Frank… En cuanto a la Dirección Nacional, nos parece que alguien debe asumir las funciones de Frank aunque parte de ellas puedan asumirlas varias personas. En lo esencial, nos parece que el compañero médico [Faustino Pérez] puede tomar el lugar de Frank…» (Franqui 1976: 289-290).

Castro sabía muy bien que su intromisión estaba contra las reglas. La tarea de seleccionar un sustituto pertenecía a los miembros de la DN. Quizás el gesto se pudiera interpretar como un intento de sucesión a la facción menos radical del Llano puesto que Fausti-

---

[15] Esta sección está basada en Álvarez (2009: 247-248).

no, en ese momento, era un aliado cercano de Frank País. Unos días después, Castro insiste en otra carta a Celia que, «al faltar Frank tendremos nosotros que ocuparnos más directamente del trabajo que él tan brillantemente realizaba. No porque falten compañeros valiosos, sino porque aquella autoridad, aquella iniciativa, aquella experiencia suya, no se adquieren en dos días… Antes [de la muerte de País] me ocupaba preferentemente de los asuntos de la Sierra que de por sí agotan a cualquiera y además aumentan cada día; ahora, comprendo que debo ayudarles a ustedes, en la medida que me necesiten, para facilitarles el trabajo» (Franqui 1976: 301). Ahora Castro desea asumir la posición de Frank en la DN. Ernesto Guevara intentaba aprovechar la oportunidad para asestarles el golpe definitivo a los luchadores urbanos. Desconociendo que el sucesor de País había sido seleccionado ya por la DN, Guevara agregó el comentario siguiente a un informe de guerra que le envió a Castro el 31 de agosto:

> … creo que tendrías que tomar una determinación fuerte y mandar como jefe de Santiago a un hombre que reuniera las condiciones de ser un buen organizador y tener una trayectoria en la Sierra, a mi entender, ese hombre debe ser Raúl o Almeida y en caso contrario Ramirito o yo (que lo digo sin hipocresía de modestia pero también sin el menor deseo de ser yo el elegido). Te insisto en el tema porque conozco la calidad moral e intelectual de los lidercillos que tratarán de suceder a Frank. Creo que un hombre de la Sierra, no identificado y cuidándose bastante más de lo que lo hacía el pobre Frank, rendiría un provecho inmenso (Franqui 1976: 302-303).

Epítetos fuertes de Guevara contra los luchadores urbanos a quienes en realidad no conocía. Los líderes de la facción de la Sierra ignoraban también cómo se había desarrollado la reunión donde la DN eligió al sucesor de País al día siguiente de su asesinato.[16] Asistieron Enrique Canto, Vilma Espín, René Ramos Latour, Luis Felipe Rosell y Lucas Morán. Los representantes de la capital estuvieron ausentes. Siguiendo a la apertura de la reunión, Daniel sugirió que se debiera designar a un sucesor de manera temporal. Espín propuso que debiera ser ella. Canto Bory levantó objeciones respecto al género, porque podía provocar oposición bajo las condiciones imperantes. Su verdadero motivo era que Frank le había confesado que no confiaba en ella y que no quería que conociera donde se escondía, como se explica en otras fuentes.[17] Canto propuso entonces a Daniel. Espín se opuso alegando que Daniel no era lo suficientemente conocido en la organización. Entonces Canto sugirió que se sometiera a votación y Daniel los recibió todos a su favor (Canto Bory 1993: 245).

René Ramos Latour se convirtió en el jefe de la DN del M-26-7. Su elección le dio continuidad al liderazgo y programa de País. La transición –la transferencia de poder a la facción de la Sierra—no tuvo lugar. El Llano se aseguró de que Daniel iba a dedicarse a mantener la

---

[16] Dos de los asistentes han brindado sus testimonios: Canto Bory (1993: 245), y Morán Arce (1980: 157-158). Más recientemente, otro participante que reside en Cuba, Luis Felipe Rosell, confirmó la información proporcionada por estos dos autores del exilio (Vicet Gómez 2007: 3). La versión oficial ha sido que la reunión tuvo lugar el mismo 30 de julio en la casa de Arturo Duque de Estrada, con la participación de Taras Domitro, Vilma Espín, Daniel, y Agustín Navarrete (Portuondo 1986: 196). Si es cierto que esta reunión se celebró, no fue cuando se eligió a Daniel como el sustituto de País.

[17] Ver, por ejemplo, Álvarez (2008: 263; 2009: 248-250).

organización en el camino trazado por David. La Sierra, sin embargo, no iba a darse por vencida fácilmente. El primer encuentro del nuevo líder nacional fue con Fidel Castro; el segundo, con Ernesto Guevara.

Hereda el antagonismo entre la Sierra y el Llano[18]

Una vez muerto Frank País, las discrepancias entre ambos mandos no parecen atenuarse sino acrecentarse. Castro pretende ignorar que Ramos Latour es ahora el coordinador nacional del M-26-7 porque, a pesar de las numerosas cartas personales y recados a través de terceras personas que recibe del mismo, no se digna contestar ninguna de ellas.[19] El silencio comienza temprano después de la designación de Daniel.

- El 1 de agosto, apenas nombrado, le envía una larga carta a Celia Sánchez «con el fin de que mantenga informado a Fidel». En medio de la misma, escribe: «5 p.m.: Acabo de recibir tu carta. Mucho me extrañaba tu silencio». Luego le dice que está «ansiosa por tener noticias de Alejandro [Fidel Castro]».

- El día 5 de agosto le vuelve a escribir a Celia Sánchez y también a Haydée Santamaría dos días después. Les explica las razones para dar por terminada la huelga surgida espontáneamente a raíz del asesinato de País y Pujol.

---

[18] Esta sección está basada en Álvarez (2008: 148-170).

[19] Lo que sigue ha sido tomado de Pacheco Águila y otros (2003: 131-162).

- Vuelve a escribirle a Celia Sánchez el 10 de agosto. Le expresa que está «pendiente de las noticias tuyas sobre Alex [Fidel Castro] para determinar si enviamos los muchachos». Y termina: «No quiero terminar sin recordarte que estoy pendiente de las noticias de Alex para actuar en diversos sentidos».

- El 11 de agosto les hace una larga carta a Haydée Santamaría, Armando Hart y Faustino Pérez donde muestra su alegría por haber sabido de ellos y, «para que no puedan quejarse de nosotros –como nosotros de ustedes por el prolongado silencio—le estoy dando respuesta a sus cartas de inmediato».

- El día 14 le vuelve a escribir a Celia Sánchez donde hay una frase muy reveladora: «Hasta hoy he esperado carta de Alex para escribirle. Me tiene preocupado su prolongado silencio». Después de informarle que sale para la capital le dice: «espero tener carta de Alex aquí cuando regrese».

- Preocupado como está, decide escribirle a Castro ese mismo día antes de partir hacia La Habana: «He esperado hasta hoy noticias tuyas. Realmente nos preocupa ya ese prolongado silencio». Es una extensa carta donde, casi al final, le pide su opinión «sobre la integración de las milicias que es también un proyecto de Frank. Para esos efectos estamos confeccionando ya las insignias desde coronel a cabo». Se despide así: «A mi regreso de La Habana habré de informarte de cómo marchan las cosas por allá. En tanto espero recibir noticias tuyas».

Daniel ha estado ausente de Santiago de Cuba durante una semana. A su regreso, el 22 de agosto, no encuentra carta alguna de Fidel Castro. Vienen entonces los días de los preparativos, el alzamiento y la secuela del alzamiento de la Marina de Guerra el 5 de septiembre de 1956. No es hasta el mes y medio exacto de haberse convertido en coordinador de la Dirección Nacional del Movimiento 26 de Julio, que Daniel recibe la primera carta del comandante Fidel Castro.

En dicha misiva, Fidel Castro arremete contra Daniel, quejándose de la poca atención que el Llano presta a la Sierra. Pacheco Águila y otros explican la decisión tomada con anterioridad por Fidel Castro:

> *A pesar de los múltiples esfuerzos realizados y la constante preocupación de Daniel desde que asumió la responsabilidad de sustituir a Frank, de mantener informado a Fidel, unas veces de forma directa y otras a través de Aly [Celia Sánchez], y de garantizar un suministro estable de recursos a la Sierra, por múltiples contratiempos esos recursos e informes no llegaban oportunamente al Comandante en Jefe del Ejército Rebelde. Por eso Fidel decide designar un oficial, Ulises (Jorge Sotús) como Delegado del Estado Mayor Rebelde para canalizar las necesidades que requería la guerrilla en la Sierra Maestra (2003: 161).*

Daniel le contesta con carta fechada el 15 de septiembre de 1957, en la que, entre otras cosas, le dice:[20]

---

[20] La carta completa aparece en Franqui (1976). Los biógrafos oficiales de Daniel sólo publicaron un pequeño párrafo de la larga misiva (Pacheco Águila et al. 2003: 162). La misma contiene una crítica continua a la actitud de Fidel Castro con respecto a los combatientes del Llano, a quienes Daniel lidera.

… nos sorprendió su actitud inicial y la nota firmada por ti, que prácticamente era una muestra de desconfianza hacia nosotros, que tácitamente quedábamos responsabilizados con el abandono en que se encontraban nuestras fuerzas en la Sierra, y la retención de supuestas armas que habían llegado a Cuba destinadas a Uds. y que habíamos dejado en las ciudades… Jamás hemos desestimado la Sierra. Consideramos sí, que la lucha no debe circunscribirse única y exclusivamente a las montañas; es necesario darle la batalla al régimen desde todos los frentes. Sin embargo, no hemos dispuesto nunca de dinero, armas, parque, ropa, comestibles que haya sido necesario en la Sierra y que ustedes nos hayan pedido. Trabajamos siempre con lo que sobra. Estamos conscientes de que es ese nuestro primer baluarte y que debemos sostenerlo (Franqui 1976: 307).

Dos semanas después, el 3 de octubre, vuelve a escribirle a Fidel:

Ayer recibimos a Felipe [Guerra Matos] aunque lo mandaste para que lo oyéramos, él no quiso hablar mucho pues se enteró tan pronto bajó de cuánto hemos hecho por satisfacer plenamente todas vuestras necesidades y quizás pensó que era mejor no seguir echando sobre nuestras cabezas quejas injustificadas e injustas. Prefiero no hablar acerca de la opinión que te formaste de nosotros. Me resulta demasiado amargo después de tanto luchar y tanto sacrificarse hablar de los esfuerzos que caen al vacío… (Oct. 4): Esta carta quedó interrumpida ayer por un tremendo registro que hicieron a la manzana. Afor-

tunadamente pudimos irnos con tiempo y estamos desde anoche de un lado para otro sin encontrar un sitio seguro; cada vez se nos cierra más el círculo (Franqui 1976: 316).[21]

Días después, y de manera independiente, Armando Hart, miembro de la Dirección Nacional, le escribe a Fidel Castro con fecha 16 de octubre de 1957 para expresarle cándidamente lo siguiente:

… Me quedaría con algo por dentro si te ocultase que no gustó la actitud mental con que enfocas en la última carta a Aly [Celia Sánchez] las relaciones entre el Movimiento en la Sierra y el Movimiento fuera de la Sierra. Hablas en tu carta de que antes Aly se consideraba como parte de la Sierra y ahora está pensando como ellos (te refieres al Comité de Dirección fuera de la Sierra). Yo estoy seguro que todos los compañeros por aquí siempre hemos considerado al Movimiento aquí y allá como una sola cosa. Ten la completa seguridad que para nosotros es tan vital el mantenimiento de Uds. que lo hemos considerado como nuestra primera y fundamental obligación revolucionaria. No ya por Uds. mismos, a los que debo considerar tan integrados como los otros compañeros de la Dirección aquí, como por el hecho cierto que del éxito del foco de la Sierra y su mantenimiento va a depender el propio éxito de la Revolución. Fidel, queremos que nos consideres como parte de una misma cosa, como nosotros les hemos considerado siempre a Uds.; incluso algunos compañeros responsabilizados aquí como Daniel y

---

[21]   Con esta carta ocurre lo mismo que con la anterior (ver Pacheco Águila y otros 2003: 162-163).

Fausto estuvieron antes allá. Estoy seguro de que esto sea debido a ciertos problemas en la intercomunicación entre nosotros que hizo que en determinado momento Uds. se creyeran un poco desamparados porque no pudo llegar lo que celosamente venimos recogiendo en toda la Isla para el mantenimiento de Uds. y el aumento de sus fuerzas… Y la manera que tenemos de resolver esto de la intercomunicación y la mejor integración entre nosotros es la siguiente:

a) Que se consideren miembros de la Dirección varios compañeros de la Sierra escogidos en este viaje de Daniel.
b) Que toda la comunicación y relaciones entre la Sierra y el Llano se realicen a través de un Departamento especial del que sería responsable Aly y un oficial del Estado Mayor designado por ti (Franqui 1976: 320-324).

En una larga carta a Celia Sánchez, fechada el 5 de diciembre de 1957,22 Daniel le expresa:

… Y, por otro lado, esos «tres puntos que han violentado a Alejandro», analizados así, a la ligera, pasando por alto toda una realidad que parece no penetrar en los abruptos bosques de la Sierra Maestra, son motivo más que suficiente como para que nos sintamos descorazonados.
Y me extraña mucho que tú, Aly, que sabes de lo titánico y heroico de la lucha en el Llano, hagas esas conclusiones tan inexactas y tan mortificantes.

---

[22] Esta carta ni siquiera se menciona en la biografía oficial de Daniel (Pacheco Águila y otros 2003).

Dices que la pospuesta de la quema de caña hizo posible la invasión de los soldados a la Sierra. Se desprende de ahí que deba caer sobre nuestras cabezas la muerte de dos bravos compañeros y la utilización de tanto material bélico en las batallas que se han librado con éxito a partir del 8 de noviembre. Si eso es así, asumimos plenamente esa responsabilidad. Sin embargo,… aquí no se contaba como en esa zona con hombres medianamente armados. En casi todos los lugares había que arriesgarse a realizar la acción <u>totalmente desarmados y en la seguridad de que les estaban esperando</u> [original subrayado]. Ninguna de esas circunstancias concurrió en la acción del día 8 por esa zona (Franqui 1976: 350-352).

Al día siguiente es Armando Hart quien le escribe a Celia Sánchez para quejarse de los comentarios injustos de ella y Fidel:

… Sin embargo, Aly, nosotros creímos que ibas a cumplir tu promesa de regresar [al Llano]. Sin la colaboración tuya tan determinante se han tenido que hacer esfuerzos extraordinarios para el suministro de la Sierra. De esta manera Daniel, que podía haber estado ocupado en otras cosas, ha tenido que emplear buen número de tiempo en suplir tu ausencia. ¿No comprenden eso en las montañas? Yo por otra parte he estado incansablemente revisando e impulsando todos los cuadros organizados del Movimiento. Si Uds. estiman que toda esta labor no es necesaria entonces planteen la necesitad de que nos constituyamos la actual Dirección en sección de suministros de la Sierra (Franqui 1976: 352-353).

Que las cosas entre el Movimiento en Santiago y Fidel Castro (principalmente él) no han marchado nunca del todo bien se comprueba nuevamente en una carta enviada por éste a los militantes santiagueros el 13 de enero de 1958:

> He ordenado terminantemente por dos veces consecutivas el regreso de los cuatro compañeros que a raíz del ataque a Veguitas, injustificablemente fueron a parar a Santiago de Cuba y las dos veces se ha recibido idéntica respuesta. Que no los pueden mandar.
>
> Ignoro qué fin se persigue con tan irritante dilación. Es preciso dejar bien sentado hasta dónde llega la atribución de cada cual dentro del Movimiento.
>
> Las armas indebidamente guardadas por esos compañeros han estado un mes sin hacer nada y aun no se sabe cuándo se van a recibir. Esto es sencillamente criminal, cuando constantemente se está arriesgando la vida de los hombres para buscar armas y particularmente doloroso cuando se tiene en cuenta la falta total de abastecimiento y el fracaso completo de todas las gestiones como para colmar la copa de la paciencia hasta el más sangrifrío de los hombres. La mía en particular, harto ya de repleta con la serie de incidentes de los últimos meses que va desde el olvido más completo de una lista de cosas ofrecidas (desde morteros hasta semillas de lechugas).
>
> Me siento a punto de pedir que el Movimiento no se ocupe más de nosotros y quedemos de una vez abandonados a nuestra suerte y a nuestros medios. Estoy harto de que se confundan los sentimientos de uno. No soy un vil ambicioso. Ni me creo, ni quiero ser caudillo, ni insustituible, ni infalible. ¡Me importa un bledo todos los honores y todos los cargos! (Franqui 1976: 378-379).

El antagonismo entre la Sierra y el Llano surgido cuando Frank País ocupaba la jefatura nacional, se ha agudizado con su sustituto. Las discusiones son ahora más directas y, en muchas ocasiones, van cargadas de amenazas. Pero, además de tener que bregar con todas esas discordias que le roban tiempo de sus tareas principales, Daniel tuvo que enfrascarse en una polémica estéril –pero inevitable, creo yo– con el comandante Ernesto Che Guevara.

POLÉMICA CON ERNESTO GUEVARA[23]

Uno de los miembros de la DN que tenía profundas convicciones anticomunistas era Daniel, por quien Guevara sentía una marcada antipatía. Su rechazo hacia Daniel se hizo público en agosto de 1957 cuando la Sierra estaba considerando quién debía ocupar el puesto vacante por la muerte de Frank País sin saber que ya el sucesor había sido elegido en Santiago de Cuba.

Las relaciones entre Daniel y Guevara se volvieron más agrias en el otoño del mismo año. Ya establecido en la zona de El Hombrito, Guevara recibió un viejo mimeógrafo, con tinta y papel enviados por Daniel para imprimir un periódico. Cuando envió a Santiago los primeros números de «El Cubano Libre», los revolucionarios santiagueros no le atribuyeron la importancia que esperaba Guevara y apenas lo distribuyeron. Pocas semanas después de ese incidente –a mediados de diciembre de 1957– Daniel recibió una carta de Guevara, fechada el 14 de ese mes, que sería el inicio de una polé-

---

23 Álvarez (2008: 169, 181-184).

mica epistolar entre los dos dirigentes. Entre otras cosas, le dice: «Tengo que contestarte en parte para hacer más orden a la cosa, pues tengo interés en que queden definitivamente aclarados algunos aspectos oscuros en nuestras relaciones. Te pido, eso sí, que consideres estos tópicos como tendientes a mejorar y aclarar totalmente nuestras relaciones. El bien de la revolución lo exige así» (Franqui 1976: 361).

Después pasa a enumerarle sus pedidos a Santiago de Cuba, lo que ha llegado o no ha llegado, principalmente parque y dinero, y los motivos que ha tenido para hacer gestiones fuera del conducto acordado por la Dirección Nacional del Movimiento. Después de reiterar su repulsa al Pacto de Miami, le dice: «Esto me lleva a un punto que quería esclarecer con ustedes. Fidel también está al corriente» (Massire 2004: 92). Entonces le explica:

Pertenezco, por mi preparación ideológica, a aquellos que creen que la solución de los problemas del mundo está detrás de la llamada cortina de hierro y considero este movimiento como uno de los tantos provocados por el afán de la burguesía de liberarse de las cadenas económicas del imperialismo. Siempre he considerado a Fidel como un auténtico líder de la burguesía de izquierda, aunque su personalidad está realzada por cualidades personales de extraordinario valor, que lo ponen muy por encima de su clase (Massire 2004: 92).

Inmediatamente, le confiesa: «Con aquel espíritu inicié la lucha: honradamente sin esperanza de ir más allá de la liberación del país, dispuesto a irme cuando las siguientes condiciones de la lucha hicieran girar hacia la derecha (hacia lo que ustedes representan) toda la acción del Movimiento» (2004: 92). Luego le critica con ironía los escasos envíos de Daniel que, según Guevara, justifican sus gestiones personales. Al final le dice: «A pesar de la dureza de la carta, me gustaría que pudiera haber una explicación. Corre de tu cuenta. Te saluda, Che» (Franqui 1976: 363).

Daniel le contesta cuatro días después (Franqui 1976: 365-369). Le dice que su carta no puede herirle pues nunca se ha considerado un traidor a la revolución cubana y está muy satisfecho con su actuación revolucionaria para sentirse aludido por «las expresiones de quienes, como tú, no me conocen lo suficiente para juzgarme» (Ibidem, p. 365). Después pasa a una larga explicación del problema de los abastecimientos a la Sierra y de lo que implica desarmar a los combatientes clandestinos para armar a los guerrilleros de las montañas. Y le recuerda:

> *Te dije anteriormente que no me conocías lo suficiente como para formarte un juicio veraz de mi preparación ideológica y política. No me interesa en lo más mínimo el lugar donde me sitúes, ni he de intentar siquiera hacerte cambiar el criterio personal que sobre nosotros te hubieras formado. Por tanto, lo que vamos apuntando es con miras a dejar ese testimonio acreditativo del cual hablábamos al principio.*
>
> *Supe desde que te conocí de tu preparación ideológica y jamás hube de referirme a ello. No es ahora el momento de discutir «dónde está la salvación del mundo». Quiero solo dejar constancia de nuestra*

opinión, que por supuesto es enteramente distinta a la tuya. Considero que no hay en la Dirección Nacional del Movimiento ningún representante de la «derecha» y sí un grupo de hombres que aspiran a llevar adelante con la liberación de Cuba, la revolución que iniciada en el pensamiento político de José Martí, luego de su peregrinar por las tierras americanas, se vio frustrada por la intervención del gobierno de los Estados Unidos en el proceso revolucionario. (Ibidem, p. 366).

Después de apuntarle que las diferencias fundamentales entre ellos consisten en que a los de la DN les preocupa poner en manos de los pueblos tiranizados de América los gobiernos que sepan mantenerse estrechamente unidos, le aclara:

Nosotros queremos una América fuerte, dueña de su propio destino, una América que se enfrente altiva a los Estados Unidos, Rusia, China o cualquier potencia que trate de atentar contra su independencia económica y política. En cambio, los que tienen tu preparación ideológica, piensan que la solución a nuestros males está en liberarnos del nocivo dominio «yanki» por medio del no menos nocivo dominio «soviético» (Massire 2004: 100).

Luego, en una clara alusión a los miembros del Partido Socialista Popular, le dice: «Soy obrero, pero no de los que militan en el Partido Comunista y se preocupan grandemente por los problemas de Hungría o de Egipto que no pueden resolver, y no son capaces de renunciar a sus puestos e incorporarse al proceso revolucionario que tiene, como fin inmediato, el derrocamiento de una oprobiosa Dictadura» (Franqui 1976: 367). Y, refiriéndose al recién denunciado Pacto de Miami, le afirma: «Sinceramente mi deseo es que esa Unidad quede definitivamente rota, pero para eso es necesario que digamos de una vez hacia dónde vamos y qué nos proponemos. A eso fue Darío [Armando Hart] a la Sierra y espero que entre él y Fidel lleguen a acuerdos que satisfagan a todos» (Ibidem, p. 367).

Llama la atención la expresión «… es necesario que digamos de una vez hacia dónde vamos y qué nos proponemos». Una casi idéntica frase aparecería luego en la carta renuncia que el comandante Huber Matos, el más conocido de los anticomunistas del Movimiento 26 de Julio, envió a Fidel Castro el 19 de octubre de 1959: «Si se quiere que la Revolución triunfe, dígase adónde vamos y cómo vamos» (Matos 2002: 575). Era también la esencia del trabajo incesante de Frank País para lograr que el Movimiento 26 de Julio diera a conocer su programa, a lo que se negaba Fidel Castro, convirtiendo este tema en punto de fricción entre ambos dirigentes. Además de estar al corriente de esto, Daniel estaba identificado totalmente con el ya desaparecido líder santiaguero.

El tema parece que no se discutió más –al menos no aparece nada publicado– y Daniel continuó su labor en la DN del Movimiento en el Llano. Por otra parte, Daniel había continuado los cánones establecidos por David en cuanto a las relaciones entre la Sierra y el Llano. Al igual que había hecho David a comienzos de julio de 1957, Daniel le envía una carta a Fidel Castro, fechada el 4 de febrero de 1958, donde le informa sobre distintos acuerdos adoptados por la Dirección Nacional del M-26-7 durante una reunión celebrada en Santiago de Cuba. La DN ha sido reestructurada con Marcelo Fernández como coordinador nacional y Enzo Infante en propaganda, siendo ratificados Faustino Pérez, Celia Sánchez, Haydée Santamaría y los miembros que estaban presos en esos momentos en Isla de Pinos.[24] La independencia del Llano con respecto a la Sierra continuaba apenas dos meses antes de la huelga general del 9 de abril de 1958. Estos dos temas serían de vital importancia en el futuro del Movimiento en general y del heredero de Frank País en particular.

La Huelga del 9 de abril: La Columna Fantasma[25]

Es bien sabido que País era el principal promotor de una huelga general que le asestara el golpe final a la dictadura. A tal efecto, preparó a sus hombres bajo una organización de corte militar que él llamó «milicia». Ordenó contactar a los sindicatos, habló con los líderes de otras organizaciones, escribió numerosas Circulares con instrucciones, y luego murió. Daniel heredó el proyecto de las milicias y de la huelga general y les dedicó sus esfuerzos.

Más de ocho meses pasaron entre el asesinato de País y el llamado a la huelga general el 9 de abril de 1958. El evento fue un fracaso total. Como era acostumbrado en estos casos, las acusaciones de culpabilidad volaron de un lado al otro. El

---

[24] En la biografía oficial de René Ramos Latour (Pacheco Águila et al. 2003) aparecen fragmentos de la carta relacionados con el nuevo reglamento de las milicias, las insignias que se sugieren para los nuevos grados que se han adoptado y otros planes de la organización. Las siete páginas (206-213) no contienen ni una breve referencia a la nueva DN, que sí se menciona en http://www.santiago.cu/hosting/estadística/cronología45aniv/pasostriunfo.htm.

[25] Álvarez (2009: 252-253, 253-255).

Llano se quejó de que no habían recibido ninguna ayuda de las guerrillas, mientras que la Sierra culpó a los combatientes urbanos por llamar a una huelga sin el entrenamiento adecuado y sin un consenso entre todos los grupos de la oposición, cuya ausencia principal eran los comunistas.

El tema es complejo y el análisis está fuera del alcance de este libro. Suficiente es decir que las milicias y la huelga general, ambas creaciones de Frank País, y sus otros proyectos, fueron utilizados como la última excusa para una transferencia de poder durante la reunión celebrada en el Alto de Mompié discutida abajo.

Para apoyar los esfuerzos de la huelga, los líderes en Santiago de Cuba decidieron asaltar el cuartel de la guardia rural en el poblado de Boniato, tomar el control de la prisión, liberar a los presos y subir a las montañas como una columna regular del Ejército Rebelde. La preparación y el asalto en sí mismo se ha divulgado en las numerosas fuentes impresas en Cuba. Lo que se ha ocultado es lo que sucedió después que los asaltantes se retiraron a las montañas. Resulta inaudito que quienes son considerados los biógrafos oficiales de René Ramos Latour (Daniel), omitan la importancia de este acontecimiento histórico,[26] ya que revela que el grado de animosidad entre el Llano y la Sierra se desbordó con el fracaso de la huelga general.[27] Brevemente, en el amanecer del 9 de abril de 1958, un grupo de 40 hombres uniformados y armados pertenecientes

---

[26] Pacheco Águila y otros (2003) describen la preparación para el ataque, el ataque mismo, y la retirada a las montañas. Sin embargo, el relato de la permanencia de la columna de Daniel como una entidad independiente no es reflejada en su verdadera magnitud.

[27] El material para este episodio, exceptuando nuestras preguntas y/o interpretaciones, fue resumido y adaptado de Comisión de Historia de la Columna 19 «José Tey» (1982: 43-114); Pacheco Águila y otros (2003: 236-283); y Castilla Mas (2004).

al Movimiento 26 de Julio, bajo el mando de Ramos La-tour asaltó el cuartel de Boniato, retirándose sin tomarlo. Los escritores oficiales afirman que el objetivo del ataque no era asumir el control del cuartel sino distraer la atención fuera de Santiago para facilitar las actividades previstas en apoyo a la huelga general. Eso no es verdad.

Las actividades en Santiago de Cuba no resultaron más exitosas. Algunos de los sabotajes realizados fueron un éxito; otros, no. La mayoría de las oficinas, escuelas y negocios cerraron sus puertas. El balance de fallecidos fue de 16 revolucionarios, incluyendo dos en el ataque a Boniato.

Daniel se retiró del área de Boniato y comenzó a ascender las montañas, no en la dirección de la Sierra Cristal —el área donde el II Frente Oriental funcionaba bajo Raúl Castro— o en la dirección de las montañas al oeste de Santiago —donde Juan Almeida operaba el III Frente Oriental— sino hacia la cordillera de la Gran Piedra. Ésta es una pieza de información importante y vital: Daniel y sus hombres, que eran los fundadores de lo que llamaron una columna rebelde incipiente, no caminaron ni norte noreste hacia la Sierra Cristal, ni sur-sudoeste hacia la Sierra del Cobre, sino sur-sureste hacia el macizo de la Gran Piedra. El grupo de Santiago no tenía ninguna intención de incorporar su columna a cualquier frente y buscaba un área donde pudieran operar de manera independiente.

Por esa razón, se movieron hacia una dirección completamente opuesta a los dos frentes orientales, como si desearan alejarse al máximo, pero manteniéndose cerca de Santiago de Cuba, que era el centro de su base de poder. Esta interpretación de las consecuencias de la huelga general en Santiago ha sido posible después de aparecer nueva información sobre la reunión en el Alto de Mompié, explicada más abajo, donde se revelaron hechos ocultos durante mucho tiempo.

Opciones de la columna independiente de Daniel.

Daniel intentó hacer contacto con otros líderes para averiguar el impacto del llamado a la huelga en Santiago, el resto de la provincia y el país. Finalmente, llegaron a la Gran Piedra, donde se les unió otro grupo que aumentó el número de combatientes a 46. Por primera vez, después de salir de la ciudad, podían admirar las luces de Santiago y EL Caney desde las alturas. Un silencio largo se extendió sobre todos. Era un momento emocionante. Era el 10 de abril y casi dedicaron el día entero al descanso. Daniel escribió un informe a los miembros de la DN que detallaba los acontecimientos de los días anteriores. Al final del informe él agregó que estaban bien y sólo esperaban recuperarse para volver a atacar. Es decir, otra vez, aquí está otra prueba de que Daniel se había propuesto permanecer donde él estaba y actuar de forma independiente. Si no, ¿por qué dice que sólo están descansando para entrar en combate otra vez? ¿Quién le dio esas órdenes? Él podía estar pretendiendo que la huelga continuaba siendo una posibilidad –para tener una excusa-- pero al menos debía haber sospechado que no lo era. Para averiguarlo, Daniel envió a un mensajero con el informe a Santiago para que obtuviera noticias de la huelga.

Belarmino Castilla (Aníbal), quien había permanecido en Santiago, pudo localizar a Vilma Espín (Déborah), quien se alarmó con el informe de Daniel. Le pidió a Aníbal que encontrara a Daniel y le dijera que la mayoría de los informes sobre la huelga eran malos y él debía volver a Santiago inmediatamente para realizar un cambio en los planes. Aníbal y Daniel se reunieron y discutieron la situación. Daniel no podía creer que la huelga general pudiera terminar en un fracaso.

Los biógrafos oficiales hacen entonces una descripción importante: «Luego de algunas reflexiones, Daniel decidió no comunicarle nada de esto a la tropa y, por razones de seguridad, adentrarse aun más en la Sierra de la Gran Piedra… Ahora la bisoña tropa sumaba unos 70 hombres» (Pacheco Águila y otros 2003: 248). En el camino, continúan los biógrafos, «Daniel y Aníbal iban conversando sobre las perspectivas de que en aquella zona pudiera operar permanentemente una columna y de la necesidad de que este último bajara pronto a Santiago a cumplir importantes misiones y atender otros asuntos» (Ibídem.) Hay, de una manera muy explícita, la intención de permanecer en el área operando una columna independiente. Daniel, sin embargo, no lo acompañó a Santiago pero sí «le trasmitió a Aníbal sus ideas y planes para terminar de organizar aquella columna que debía mantenerse en esa región y realizar acciones combativas como parte del Ejército Rebelde, operando sobre Santiago y los pueblos cercanos, en cooperación con el II y III Frentes» (Ibídem.)

«En cooperación» no significa «bajo», y ninguna autoridad superior le ha ordenado a Daniel establecer un nuevo frente. Esa misma tarde, Daniel se dirigió a su tropa sobre la situación de la huelga y la necesidad de seguir tan firmes como siempre, y de continuar la guerra de guerrillas con su columna incipiente. Todos sus hombres ratificaron ese propósito. Más adelante en la tarde, Aníbal - no Daniel—regresó a Santiago para reunirse con los miembros de la DN que estaban en la ciudad. Las órdenes específicas de Daniel a él incluían el comunicarles «su decisión» (estas son palabras claves) de permanecer como jefe de la columna que él tiene organizada en las montañas de la Gran Piedra, con el objetivo de operar en esa área con la ayuda del Movimiento. Aníbal debía recolectar las armas que sobraron de la huelga y enviarlas con los miembros de la milicia más buscados por la policía, recoger mochilas, hamacas, medicinas, y cualquier artículo necesario en las montañas, y comunicarles a los revolucionarios que habían permanecido en EL Cañón que se incorporaran a la nueva columna.

El 13 de abril Daniel le escribió una carta a Vilma Espín (Déborah) para expresar su decepción por el llamado a regresar al trabajo, suspendiendo la huelga. La DN se reunió en Santiago al día siguiente. Solicitaron a Daniel regresar a su puesto en la ciudad dejando a Aníbal a cargo de la columna. Los miembros de la DN fueron a las montañas y encontraron a Daniel el 15 de abril, y después de horas de discusión, él aceptó volver al Llano, dejando a Aníbal de responsable. El último le escribía continuamente a Daniel para mantenerlo informado. Los días 28 y 29 de abril la columna atacó los cuarteles de la guardia rural en Ramón de las Yaguas, matando e hiriendo a varios soldados, ocupando numerosas armas, pero a cambio de varios rebeldes heridos.

El 3 de mayo (el mismo día de la reunión en el Alto de Mompié) un mensajero de Raúl Castro llegó al campamento «El aserrío» donde acampaba la columna incipiente. Según él, debían ir derechos al II Frente Oriental para fusionarse con las fuerzas que comandaba Raúl Castro. Aníbal obedeció esa misma noche, saliendo después de un discurso donde intentó racionalizar la decisión de unirse a las otras fuerzas, después que atacaran a los guardias en «El Cristo,» como estaba ya previsto. No encontrando las condiciones óptimas, Aníbal decidió suspender el asalto y salir a la reunión con el hermano más joven de Castro. Llegaron a la comandancia el 12 de mayo.

La narrativa de los diversos autores está llena de contradicciones, omisiones, exageraciones, y descripciones inconclusas, sin mencionar mapas mutilados para omitir hechos evidentes. La pregunta que se debe estar haciendo el lector en su mente es: «¿Qué están tratando de ocultar?»:

1. El mapa que muestra la ruta de Boniato al II Frente Oriental usado en 1982 y otra vez en 2003,[28] comienza en Santiago de Cuba y no muestra a Boniato a la izquierda ni tampoco indica los lugares alrededor de la cordillera de la Gran Piedra donde los rebeldes acamparon.

2. La columna 19 «José Tey», con 131 hombres viajó más de 130 kilómetros de Boniato a la comandancia en «El aguacate», tomando 32 días para el viaje.

3. La columna 6 «Frank País» salió de la Sierra Maestra el 1 de marzo de 1958, con la misión de establecer el II Frente Oriental bajo Raúl Castro. Las cuatro escuadrillas —cerca de 60 hombres con 60 armas— llegaron el 11 de marzo (Ameijeiras Delgado 1984: 17, 117). ¡Les tomó 10 días recorrer más del doble de lo que caminó la otra columna!

4. Belarmino Castilla Mas (Aníbal), el co-protagonista de esta empresa, según lo detallado en los párrafos anteriores, dedicó un par de páginas de su libro autobiográfico al episodio entero del ataque contra Boniato y de la prolongada permanencia del grupo

---

[28] Comisión de Historia de la Columna 19 «José Tey» (1982) y Pacheco Águila y otros (2003).

(que él dirigía) alrededor del área de la Gran Piedra (Castilla Mas 2004: 82-84). Él sólo menciona haberle sugerido a Daniel organizar un grupo en el área para apoyar la huelga general y atacar el cuartel de la guardia rural en San Ramón de las Yaguas. Eso, en comparación con los testimonios anteriores, no es verdad. Ésta es la misma persona que, cuando entregó la columna independiente a Raúl Castro, le dijo que, aunque había sido miembro del Llano, ahora, a pesar de todo lo que había sucedido, se ponía a sus órdenes. Raúl Castro permitió que Aníbal mantuviera la estrella otorgada por Daniel. La independiente columna 19 se convertía en historia.

Finalmente, los historiadores hablan de Daniel llegando de visita al Frente de Raúl antes de ir de nuevo a Santiago para regresar a la Sierra Maestra, pero ésa es parte del episodio siguiente. Daniel volvía de la reunión de la DN celebrada algunos días antes. El contenido, y los acuerdos finales, dieron el golpe final a los combatientes del Llano con el consiguiente colapso de las ideas y los planes de Frank País para el curso de la revolución cubana.[29]

---

29 Después del tiempo transcurrido el régimen continúa tergiversando los hechos. Con motivo del fallecimiento de Belarmino Castilla (Aníbal), la prensa hizo los siguientes comentarios: «El 15 de abril de 1958 ingresó al Ejército Rebelde y encabezó la columna 19 José Tey en la Sierra de la Gran Piedra, en los alrededores de Santiago de Cuba. Después de varios días dirigió el asalto al cuartel Ramón de las Yaguas, en el que ocupó numerosas armas al enemigo, que constituyó un importante refuerzo para el II Frente Oriental Frank País, al cual se integró, por orden del entonces comandante Raúl Castro Ruz, el 12 de mayo de 1958» (http://www.cubadebate.cu/noticias/2015/02/21/fallece-comandante-del-ejercito-rebelde-belarmino-castilla-mas /#.WZx2osZGnIU).
Lo anterior pudiera considerarse cierto pero, al no mencionar el contexto que se ha descrito en esta sección, se convierte en una mentira.

Raúl Castro, Fidel Castro y René Ramos.

FIN DEL ANTAGONISMO: LA REUNIÓN EN EL ALTO
DE MOMPIÉ[30]

Desde la llegada de Castro el 2 de diciembre de 1956, sólo una
reunión de la DN había sido celebrada en la Sierra Maestra.
Tuvo lugar del 16 al 17 de febrero de 1957. Después de esa,
cada reunión de la DN fue celebrada en las áreas urbanas,
principalmente en Santiago de Cuba y La Habana. Es irre-
levante si participaron algunos o todos los miembros; todas
se celebraron donde radicaba el poder, donde se tomaban las
decisiones y por los líderes que tomaban esas decisiones. De
hecho, no sólo fue la Sierra separada de la cadena del mando,
sino que dependía de los combatientes urbanos para apoyar-
los, mantenerlos vivos y continuar luchando.

Que la descripción anterior es la verdad llana se comprueba con el hecho que, tan tarde como el 4 de febrero
de 1958, —apenas dos meses antes de la huelga general—
Daniel le envía una carta a Fidel donde le anunciaba que
la DN había sido reestructurada, adjuntando los nom-
bres de los que habían sido elegidos para las posiciones
en una reunión celebrada en Santiago de Cuba.

Daniel repetía el comportamiento de su predecesor
en el verano de 1957. Esta vez, Daniel también envió
a Fidel el nuevo código para la milicia, los rangos se-
leccionados, y otras decisiones organizativas. Años
después del triunfo, los biógrafos oficiales de Daniel
reproducirían partes de esa carta excepto una referencia a la reunión de la DN, que tuvo que ser encontrada
en otra fuente.[31] No fue hasta quince meses después de

---

[30]   Álvarez (2009: 257-262).

[31]   Nos referimos a Pacheco Águila y otros (2003) donde, en la siete
páginas dedicadas a esa carta (pp. 206-213), la referencia a la reunión de
la DN en Santiago ha desaparecido. Se menciona en http://www.santiago.

la primera reunión que Fidel Castro convocó una reunión urgente de la DN. El único punto en la agenda era discutir las razones del fracaso de la huelga general del 9 de abril y desarrollar los planes para el futuro. El propósito verdadero era aprovechar el fracaso para realizar una purga tan enorme que la reunión se mantuvo en secreto por un largo tiempo. Incluso hoy, las minutas completas no se han publicado, pero algunas piezas del rompecabezas grande se han revelado, especialmente en tiempos recientes.[32]

Los líderes se agruparon en el hogar modesto de la familia amiga Mompié, situado en un lugar conocido por el Alto de Mompié (Álvarez 2008: 254-257). Fidel Castro comenzó la reunión a las 6:00 am. Los presentes incluían al propio Castro, René Ramos Latour, Haydée Santamaría, Faustino Pérez, Marcelo Fernández, Celia Sánchez, Vilma Espín, Antonio Torres, Luis Buch, David Salvador y Enzo Infante. Raúl Castro estaba ausente debido a sus nuevos deberes como comandante del II Frente Oriental «Frank País» recientemente establecido. Aunque no era miembro de la DN, estaba también presente Ernesto Guevara. Irónicamente, su presencia se debía a una petición hecha por Daniel y Faustino Pérez.

Importante de precisar es el hecho que, en las dos reuniones de la DN celebradas en las montañas, fueron invitadas dos personas que no eran miembros: Espín en la primera; Guevara, en la segunda. Ambas jugaron un papel decisivo en el cambio de rumbo de la insurrección y la revolución.

---

cu/hosting/estadistica/cronologia45aniv/pasos triunfos. htm.

[32] Infante (2007: 323-340) ha aportado nueva evidencia en un capítulo que aparece en Oltuski Ozacki et al. (2007). El anterior fue desarrollado con la escasa información en Bonachea y San Martín (1974: 215-217), Suárez Suárez (2001: 108-116), y Pacheco Águila y otros (2003: 269-279).

La reunión estuvo cargada de acusaciones contra el liderazgo del Llano. Aunque presidida por Fidel Castro, fue Ernesto Guevara quien desempeñó el papel más importante como implacable fiscal. A la cabeza de la agenda estaba el fracaso de la huelga del 9 de abril. La culpa total recaía en los combatientes urbanos. Pero, ¿tenía razón la facción de la Sierra? En primer lugar, el llamado a la huelga se hizo a través de un documento firmado por Fidel Castro, como comandante jefe de las fuerzas rebeldes, y por Faustino Pérez, como Delegado de la Dirección Nacional, el 12 de marzo de 1958 en la Sierra Maestra. En el mismo se especificaba «que la estrategia del golpe decisivo se basa en la Huelga General Revolucionaria **secundada por la Acción Armada**» (énfasis nuestro), puntualizando que «la acción de patrullas armadas se intensificará en todo el Territorio Nacional». Luego decía que la organización y dirección de la huelga estaría a cargo del Frente Obrero Nacional, Movimiento de Resistencia Cívica y Frente Estudiantil Nacional, todas ellas ramas del M-26-7. Esto último parecía imprimirle un matiz sectario al esfuerzo. A fines de mes, Fidel Castro emitió un comunicado firmado sólo por él (Álvarez Estévez 1999: 48-53), que contenía expresiones como «nuestro movimiento no hace exclusiones de ninguna índole», y al final reiteraba «mi total ausencia de interés personal y que he renunciado de antemano a todo cargo después del triunfo… Quien ha sido de los primeros en la lucha sería el último en la hora del triunfo».

Revisando cuidadosamente las crónicas de aquellos días no encontramos que se había cumplido la promesa de secundar la huelga con la acción armada.[33] Bonachea

---

[33] Cronistas e historiadores como Franqui (1976), Matos (2002), Pacheco Águila y otros (2003), Comisión de Historia (1982), Figueras Pérez y Salles Fonseca (2002), entre otros, sólo mencionan escasas escaramuzas

y San Martín (1974: 214), afirman que, aparte de aisladas escaramuzas, las tropas de Fidel y Raúl Castro, en el I y II Frentes, respectivamente, nunca se movieron de sus campamentos. En el I Frente se encontraba ese día el periodista argentino Jorge Ricardo Masetti (2006), quien describe a un Castro eufórico, dando saltos, cuando se escuchó por radio el llamado a la huelga, pero sólo presenció cuando se daba la orden de atacar unos autobuses y nunca lo llevaron a una zona donde supuestamente se estaba combatiendo. La zona, de todas maneras, estaba bien alejada de los centros urbanos.

En el II Frente Oriental, el mismo Raúl Castro confesaría luego: «Ante un movimiento de huelga general poca cosa podíamos hacer en el orden bélico con nuestras fuerzas sino dar más bien apoyo moral a la misma en determinada zona.»[34] Y cabe preguntarse: ¿Fue el llamado a la huelga una mala jugada para luego «pasarle la cuenta la Llano» al culparlos del fracaso? Si no fue así, ¿por qué ese grado de inercia del Ejército Rebelde?

La siguiente grave acusación era el haber organizado a las milicias del Llano como una fuerza paralela al ejército rebelde —sin el entrenamiento y la moral combativa— e independientes del último (Guevara 1990: 393). Cada uno sabía que era Frank País quien las había fundado y Daniel, como su heredero, había continuado el proyecto. La crítica resonó en la modesta sala como una condena post mortem. La magnitud del ataque contra David y Daniel fue revelado en la publicación reciente mencionada arriba (Infante 2007: 334). Acusaron a Daniel no sólo de una carencia de sentido que

---

alejadas de las áreas urbanas para apoyar la huelga general.

[34] Castro Ruz (1958).

lo condujo a compartir criterios sobre la posibilidad de realizar acciones eficaces con las milicias del Llano, sino también de lo siguiente:

- El concepto de las milicias como tropas paralelas a la Sierra, sin el entrenamiento y la moral de espíritu, y sin haber experimentado el proceso de selección riguroso de estar en guerra.

- El sistema de rangos militares que Daniel implementó como comandante de las milicias sin solicitar la aprobación del liderazgo de la Sierra.

- Falta de coordinación y subordinación de las milicias con los guerrillas del III Frente Oriental.

- La creación de una columna guerrillera sin consulta previa y la aprobación del mando del ejército rebelde, y la distribución del armamento obtenido, acentuando la porción ocupada por el enemigo en la formación del frustrado Segundo Frente.

Daniel rechazó fuertemente la acusación de la naturaleza paralela de la milicia, y reaccionó violentamente al evento que País había llamado «nuestra Fernandina». Guevara y Castro también condenaron la «actitud subjetiva» del Frente Obrero Nacional (FON) para convocar una huelga sectaria (es decir; sin ninguna participación de los comunistas), sobrestimando la capacidad del Movimiento para ejecutar solos la huelga. Sin embargo, arriba vimos que Castro firmó un documento encargando al FON de la sección obrera. ¿Por qué lo hizo? La dirección entera del M-26-7 asistía a un juicio, no sólo contra las fuerzas del Llano conducido por Daniel y Faustino, sino también contra Frank País. El juicio había sentado a País en el banquillo, junto con su leal sucesor. Muy pocos miembros levantaron sus voces para defender al Llano, a pesar de que, de los once miembros de la DN allí reunidos, sólo Castro representó a la Sierra ya que Guevara no era un miembro. Eso reafirma el hecho de que la dirección estaba en sus manos, e hicieron muy poco para conservarla, para evitar que se desviara el curso de la revolución. Al final de muchas horas de discusión infructuosa, el «consenso» produjo los resultados siguientes:

- La transferencia de la DN y sus miembros al Primer Frente, bajo el mando directo de Castro.

- El despido de René Ramos Latour de sus puestos de dirección y su transferencia inmediata al I Frente con el rango de comandante (que se había ganado ya en el Sierra y el Llano). Debía también entregar su columna a Raúl Castro en el II Frente.

- El despido de Faustino Pérez como coordinador del Movimiento en La Habana y su transferencia al I Frente con el rango de comandante. Delio Gómez Ochoa tomaría su lugar.

- El despido de David Salvador como coordinador del FON y su transferencia al I Frente, donde le asignarían nuevos deberes.

- La confirmación de Marcelo Fernández como coordinador general, quien debía escribir un documento sobre la reunión antes de su incorporación al I Frente. [Nunca fue hecho público.]

- La confirmación de Haydée Santamaría como tesorera del M-26-7 y representante personal de Castro en el exterior.

- La designación de Antonio Torres como jefe del FON, quien debía funcionar desde el II Frente.

- El nombramiento de Enzo Infante para acompañar a Delio Gómez a la capital.

- La confirmación del Dr. Urrutia como presidente provisional.

- Fidel Castro Ruz emergió de la reunión con la dirección total de las fuerzas de la Sierra y el Llano, secretario general del M-26-7, e indiscutible tomador de decisiones del Movimiento.

El Decálogo de acuerdos representó el cumplimiento parcial del sueño de Guevara de «destruir íntegramente» a la Dirección Nacional. Moralmente, estaban casi todos destruidos. Físicamente, tal vez, al menos uno podía colocarse en la lista porque Ramos Latour moriría pronto en la Sierra como resultado de acontecimientos extremadamente asombrosos.

EL REGRESO A LA SIERRA

Cronología de los últimos dos meses de la vida de René Ramos Latour (Daniel), Sierra Maestra, 1 de junio a 30 julio de 1958.

Junio de 1958

Domingo 1: Daniel parte de Santiago de Cuba hacia el I Frente, obedeciendo los acuerdos de la reunión de la Dirección Nacional. Lo acompaña su esposa Elvira y varios militantes del 26 de Julio.

Lunes 2 a miércoles 11: Al llegar a la primera posta rebelde Manals y Daniel se quedan y el resto regresa a Santiago. Deben esperar la llegada de compañeros y armas.

Jueves 12 a lunes 23: Comienza el ascenso de 11 días a La Plata. Fidel Castro los recibe eufórico y les explica los planes para resistir la ofensiva. Daniel irá a la cabeza de un «Pelotón Volante» de apoyo. Les asigna una casita cercana a la suya en la comandancia general de La Plata.

Martes 24 a miércoles 25: Los recién llegados se organizan en la casita, descansan y se preparan para combatir.

Jueves 26: Día 1. Parte Daniel con su Pelotón Móvil [Orden 1], junto a la columna de Fidel Castro, hacia la zona de Santo Domingo [Lugar 1].

Viernes 27: Día 2. Los soldados no llegan a la emboscada y recibe instrucciones de Fidel Castro [Orden 2], que ya se había separado del grupo, para que se reúna con él en una tiendecita del firme de la Sierra [Lugar 2].

Sábado 28: Día 3. Desde allí lo envía a reforzar la columna de Guevara [Orden 3], que se encuentra en el Alto de Mompié [Lugar 3]. Horas después de llegar, le ordena [Orden 4] regresar a La Plata [Lugar 4].

Domingo 29 a lunes 30: Días 4 y 5. Fidel Castro le ordena [Orden 5] a Daniel y a su pelotón que partan de nuevo a la zona de Santo Domingo [Lugar 5], lo cual hacen en la madrugada. Allí permanecen apostados por varias horas; luego salen, con Daniel al frente, al encuentro del enemigo, pero deciden regresar al lugar anterior. Comienza el combate [Combate 1] y se produce una tregua que dura toda la noche.

JULIO DE 1958

Martes 1: Día 6. Por la mañana se reanuda el combate [Combate 2]. Por la tarde, Daniel recibe órdenes de Fidel Castro [Orden 6] de regresar a la comandancia de La Plata [Lugar 6], para una entrevista con periodistas de Estados Unidos. Al final, Daniel se retira a descansar.

Miércoles 2 y jueves 3: Días 7 y 8. Al amanecer llegan dos bombarderos B-26. Fidel Castro llama a Daniel [Orden 7] a la comandancia [Lugar 7] con su ayudante Fernando Vecino y les anuncia [Orden 8] la noche del día 3 que irían a combatir la madrugada siguiente.

Viernes 4: Día 9. Salen por la madrugada pero reciben una contraorden de regresar [Orden 9].

Sábado 5: Día 10. En el campamento. Escuchan un combate no muy lejano.

Domingo 6: Día 11. Permanecen en el campamento. Daniel escribe varias cartas.

Lunes 7: Día 12. A las 5:30 a.m., Daniel le comunica a su Pelotón que se va a ausentar un par de días para cumplir una misión muy importante. Faustino Pérez y Camilo Cienfuegos llegan luego a buscar al Pelotón y lo conducen a la zona de Santo Domingo donde combaten durante varias horas [Combate 3].

Martes 8: Día 13. Vecino se encuentra con Daniel cuando ambos se dirigían a reintegrarse a la emboscada. Daniel no había podido realizar un viaje al II Frente que Castro le había pedido [Orden 10].

Miércoles 9 y jueves 10: Días 14 y 15. Logran rechazar al enemigo y hacerlo retroceder [Combate 4]. Uno de sus tenientes, a quien ha enviado a reforzar la tropa de Huber Matos, le pide ayuda y Daniel le envía tres hombres bien armados. Tratan de evitar que les tomen el firme de Sabicú, en camino a la comandancia general.

Viernes 11 a miércoles 16: Días 16 a 21. Los soldados comienzan un violento ataque desde Santo Domingo [Combate 5], que incluye morteros que dura cinco días; el Pelotón Móvil permanece peleando en la emboscada.

Miércoles 16: Día 21. Mientras combaten en Santo Domingo, Daniel recibe la noticia de la derrota del ejército en El Jigüe.

Jueves 17 a martes 22: Días 22 a 27. El Pelotón Móvil alterna estos días entre la emboscada y el campamento. No existen referencias a hechos específicos, excepto a combates cercanos al campamento [No se incluyen].

Miércoles 23: Día 28. Fidel Castro llama a Daniel [Orden 11] a la comandancia [Lugar 8]. Lo envía [Orden 12] a un lugar conocido por Gamboa [Lugar 9], donde permanece hasta el día siguiente.

Jueves 24: Día 29. Daniel recibe un mensaje de Fidel Castro [Orden 13] para que vaya con su Pelotón a reforzar la posición de Ramón Paz [Lugar 10]. Castro espera que los guardias intentarán subir al día siguiente.

Viernes 25: Día 30. Salen en la madrugada [Orden 14]. Van a Casa de Piedra [Lugar 11], a orillas del río Yara. Ayudan a cavar trincheras. Terminan cuando el ejército ya viene subiendo. Combaten [Combate 6] por tres horas. El enemigo se retira. Ocupan numeroso material y prisioneros. Daniel grita eufórico: «¡Esta es mi gente! ¡Ahora sí que están probados!».

Sábado 26: Día 31. Daniel escribe un informe a Fidel.

Domingo 27: Día 32. Un domingo tranquilo. A las 5:00 pm se reanuda el combate [Combate 7]. Daniel es enviado [Orden 15] a Providencia [Lugar 12], para tenderle una emboscada a la tropa que conduce al herido Sánchez Mosquera.

Lunes 28: Día 33. Daniel recibe una petición [Orden 16] de ayuda de quienes defienden una posición más arriba [Lugar 13] y parte con seis de sus hombres. El combate fue violento [Combate 8]. Al cabo de dos horas, se retira a una posición más alta. Los rebeldes sufrieron cinco muertos.

Martes 29: Día 34. En camino de Santo Domingo recibe un mensaje [Orden 17] de permanecer en Casa de Piedra [Lugar 14]. Daniel le pide a Castro una larga entrevista. Castro llega con Faustino Pérez. Hablan encerrados durante varias horas. Nunca se ha conocido el tema. Fidel Castro le ordena a Daniel [Orden 18] dirigirse a El Salto [Lugar 15], poniendo a sus órdenes a la tropa de Ramón Paz, muerto en combate; son cerca de 300. Parten con Fidel Castro a la cabeza. La subida es muy peligrosa. Daniel anda con dificultad.

Miércoles 30: Día 35. En la Loma de la Llorosa comienza el descenso al llano. Al romper el alba, Fidel Castro se separa del grupo. Daniel va rumbo a su último combate. La orden [Orden 19] es situarse entre Arroyones y Cerro Pelado [Lugar 16] y evitar la retirada del enemigo. Llegan al Jobal a las 7:00 a.m. El enemigo goza de una superioridad aplastante. No le avisan que vienen subiendo refuerzos ni le envían los prometidos. Daniel es alcanzado por un obús de mortero. Sus compañeros lo retiran buscando asistencia médica, que llega tarde, y Daniel muere en la casa de una familia campesina.[35]

Del Alto de Mompié al Jobal

Después de la reunión en el Alto de Mompié, Daniel viajó al II Frente para reunirse con su antigua columna. Un testimonio interesante del antiguo jefe de su columna, ahora bajo el mando de Raúl Castro, reveló el estado de ánimo de Daniel después de la farsa del juicio. Aníbal ha relatado que, durante la conversación que sostuvieron, Daniel le había abierto su corazón lleno de decepción, que revelaba a una persona abatida (Pacheco Águila y otros 2003: 279).

A pesar del inmenso sentimiento de frustración que lo embargaba, Daniel estaba feliz porque regresaba a la lucha en las montañas.[36] Del Segundo Frente se imponía una visita a Santiago de Cuba para despedirse de sus padres. Al no poderse comunicar con ellos le deja una carta a su madre llena de sentimiento y esperanza.

Cuando amanece el sábado 1 de junio de 1958 Daniel no sospecha que le quedaban exactamente dos meses de vida. Ha llegado la hora de regresar a la lucha guerrillera. Está feliz. Sale de Santiago en el auto Pontiac propiedad del Movimiento que conduce Anita Céspedes. Lo acompañan su esposa Elvira y sus compañeras de lucha Tía Angelita, su hija Yoya; también Miguel Ángel Manals, quien se quedará en territorio

---

[35] Fuentes: Alarcón Ramírez (1997); Castro Ruz (2010); Comisión de Historia (1982); Franqui (1976); Pacheco Águila y otros (2003); Vecino Alegret (1992).

[36] Este resumen del regreso de Ramos Latour a la Sierra fue adaptado de una versión más expandida que aparece en Pacheco Águila y otros (2003: 284-289).

rebelde. Van cantando durante casi todo el trayecto hasta Contramaestre. En esa ciudad dejan el auto y continúan viaje hacia Guisa en el jeep propiedad del guía que los esperaba. Al llegar a una posta del campamento de Universo Sánchez, Manals y Ramos Latour se despiden del resto de los viajeros que regresan a Santiago. Para Daniel y Elvira es el último adiós. Entre descansos, una pérdida, el esperar al grupo de combatientes santiagueros con los equipos y otros contratiempos, no parten de «Las peñas» a la Sierra hasta la mañana del día 12 de junio. La tirada es larga y penosa, por lo que el encuentro con Fidel Castro no se produce hasta la tarde del día 23 de junio. Cuando Castro reconoce a Daniel, se acerca para abrazarlo y decirle: «¡Qué bueno! ¡Ya llegó el refuerzo de Santiago para la ofensiva!» La expresión suena hueca porque el grupo está compuesto por apenas dos decenas de jóvenes probados en la lucha clandestina de las ciudades pero inexpertos en los trajines de la guerrilla.

El pelotón móvil

Lo que sucede en ese momento ha sido objeto de una discrepancia entre los mismos historiadores del régimen. Pacheco Águila y otros afirman textualmente: «[Daniel] había solicitado a Fidel que le permitiera participar en el rechazo de la ofensiva, para lo cual le propuso crear un pequeño pelotón con compañeros fogueados en las milicias de Santiago, petición a la que el Jefe de la Revolución accedió» (2003: 281, 284). La magnitud de la ofensiva del ejército que estaba a punto de comenzar convierte la expresión de Fidel Castro en una hipocresía y el plan de

Daniel expuesto por los biógrafos oficiales en una simple mentira. La realidad era que tanto Daniel como los recién llegados santiagueros desconocían el plan que Fidel Castro les tenía reservado.

Vecino Alegret (1992), testigo presencial de los hechos pues subió con Daniel y permaneció junto a él hasta su muerte, no menciona el pelotón móvil, sino que después de describir los primeros días en la comandancia general, dice que «después de almuerzo parte nuestra guerrilla, organizada en columna y encabezada por Fidel, rumbo a la zona de Santo Domingo» (p. 33). La «columna» parece ser producto de su imaginación. Es el único que califica al pelotón de columna.

Fidel le explica a Daniel que ha utilizado las ocho Columnas que operan en el Primer Frente para formar un anillo defensivo de unos 30 kilómetros cuyo eje principal era el Alto de la Sierra Maestra. La consigna es resistir y, cuando el enemigo muestre señales de flaqueza, pasar de la defensiva a la ofensiva. Fidel Castro le ofrece a Daniel el liderazgo de un pelotón móvil cuya misión puede considerarse de «apaga fuegos».

Los biógrafos oficiales han cambiado ya la negociación. Ahora es Castro quien, después de explicarle «el plan general para contener la ofensiva, le expresa la conveniencia de que constituya con sus hombres un Pelotón Volante, para actuar como fuerza de apoyo de las distintas tropas rebeldes estacionadas en los puntos por donde se supone que el ejército de la tiranía trataría de irrumpir en la Sierra» (Pacheco Águila et al. 2003: 292).

La proposición despierta sospechas razonables sobre el motivo de la misma. Algunas de las preguntas que suscita incluyen: ¿Cuándo antes se formó un Pelotón Volante en la Sierra Maestra? ¿Acaso Fidel lo diseñó especialmente para Daniel y el grupo santiaguero?[37] ¿No era esa una de las funciones de las ocho columnas del Primer Frente ya colocadas en sus posiciones en espera de la ofensiva del ejército? ¿Por qué Fidel Castro no le asigna a Daniel una columna, en vez de un pelotón, y un territorio donde operar, como a los otros comandantes?[38] ¿No se dio cuenta Castro de que los recién llegados de la clandestinidad santiaguera (exceptuando a Daniel, quien tenía unos meses de experiencia) eran unos novatos en la guerra de guerrillas? ¿Cómo van a estar apagando fuegos los menos experimentados?

Los biógrafos oficiales de Daniel (Pacheco Águila y otros 2003) tratan de justificar esta asignación suicida (que ya no es la petición de Daniel) de la siguiente manera:

> *Equipado todo el contingente de Daniel con armas automáticas, este pelotón de apoyo tendría una actuación decisiva, si se consideraba que normalmente una columna enemiga podía ser contenida en su avance por la Sierra con 10 o 12 hombres con buenas armas, y si en el fragor del combate entraba en acción un refuerzo de hombres, de arrojo y valentía, y con armas automáticas, es de suponer que su participación sería muy importante para el triunfo de las armas rebeldes (pp. 292-293).*

---

[37] En el II Frente Oriental existió uno que otro de estos pelotones en algunas de sus columnas. También se formó un «pelotón suicida» cuando la columna 8 bajo Ernesto Guevara llegó a las montañas del Escambray. Pero, por lo que hemos investigado, Fidel Castro nunca tuvo uno a su disposición hasta que llegó Daniel acompañado de los combatientes santiagueros.

[38] En una carta fechada el 21 de julio, Daniel expresa «… y estuvimos durante varios días moviéndonos constantemente, reforzando hoy un punto, mañana otro, sin poder establecernos en un lugar fijo» (Sarabia 1980: 239).

Se sabe que, en el momento de llegar Daniel al I Frente «José Martí» en vísperas de la ofensiva del régimen, las tropas que Fidel Castro había reunido para enfrentar la ofensiva de 7000 soldados ascendían a unos 300 guerrilleros (Castillo Bernal 1989: 7). El colocar a una persona al frente de un pelotón móvil representaba su presencia continua en la línea de fuego.

Después de aceptar la proposición del comandante en jefe, a Daniel y sus hombres les asignan una casita situada en el trillo que asciende a la Comandancia General de La Plata. El período de descanso no es muy largo. Ha comenzado la ofensiva.

El continuo combatir

El jueves 26 de junio se inicia el intenso peregrinar que durará exactamente 34 días. Como la cronología al comienzo de esta sección detalla el movimiento y las acciones diarias del Pelotón, solamente es necesario puntualizar un par de puntos.

La primera observación es que, desde el 26 de junio hasta su muerte el 30 de julio de 1958, Castro le ordenó a Daniel 17 veces —en persona, por mensajero o nota escrita— moverse a 24 diversos lugares en la línea de fuego durante esos 34 días. Daniel participó en 10 combates que duraron horas y hasta días. En «El jobal» fue asesinado en combate.

Otro punto que merece atención es la reunión que sostuvieron Fidel Castro y Faustino Pérez, a petición de Daniel, con este último la víspera de su muerte. En su mensaje le decía que deseaba hablar con él largamente.

Los tres conversaron en privado por largo rato, pero lo tratado no ha sido nunca revelado. Al final de la reunión, Fidel le ordena a Daniel dirigirse a El Salto, poniendo a sus órdenes a los antiguos hombres de Paz —el primer refuerzo que le entrega desde que comenzó a operar y se debió a la muerte de Paz en combate.

¿Por qué se mantiene aún en secreto el tema tratado entre los tres hombres? Solo podemos especular que, al llegar Castro acompañado de Faustino Pérez (otra de las víctimas de la purga en Mompié, a quien Fidel retuvo a su lado), Daniel debe haberse quejado de algo serio que tenía que ser tratado con el jefe máximo. Esos dos hechos, unidos a su estado de ánimo, no indican un intercambio agradable. Lo cierto es que, de haber sido asuntos corrientes, tanto Faustino como Castro, como alguien en el grupo de Daniel, los hubieran revelado hace tiempo.

El sentimiento de abandono

Poco después de instalado en su nuevo rol, Daniel se percata de que, en realidad, había sido purgado; él no es más el jefe, lo que se refleja en sus cartas. El 6 de julio Daniel le continúa una carta a Vilma Espín dejada a medias días atrás. En ella se refleja su estado de ánimo pues se siente discriminado y rechazado no sólo por los de la Sierra sino también por algunos de sus antiguos subalternos del Llano:

Es triste que al mes y pico de estar nosotros en la Sierra no tengamos siquiera un nylon con que guarecernos de la lluvia en las emboscadas. Es triste también que explicándoles la situación desesperada en que nos encontramos al llegar al lado de Fidel no

hicieran el esfuerzo por enviarnos las armas que pe-
díamos y que sin embargo consiguieron una amet.
[ralladora] 30 y otras armas y se las enviasen a otros
desoyendo la petición casi dramática que yo les ha-
bía hecho. Y todavía sigo recibiendo cartas tuyas
donde me censuras que haya enviado gente abajo
estando Uds. ahí. En nada de lo que dices tienes ra-
zón, ni José Antonio [Miguel Ángel Ruiz Maceiras]
ni nadie se ha preocupado en lo más mínimo por
enviarnos lo que pedíamos. No quiero pensar que
tan pronto se hayan decidido a no cooperar conmi-
go, habiendo compartido con Uds. durante tan lar-
go tiempo los sinsabores y las amarguras de la lucha
en el Llano (Pacheco Águila et al. 2003: 301).

El lamento del final retrata a un Daniel que se siente fuera de grupo, abandonado a su suerte. Más adelante le dice de manera tajante: «Esta es la fecha que no ha llegado aquí el famoso informe de Raúl del día 2 de junio que llegó a tus manos el día 4. Si hubiese venido un hombre a pie desde allá hubiese llegado más rápido. ¡Es increíble!» (p. 302).

Cuatro días más tarde, en una carta a su compañera de la clandestinidad Anita Céspedes, le confiesa: «Lamento mucho que personas poco cumplidoras no se tomaran el interés que tú sueles tomarte en tu trabajo y quieran demorar al máximo las cosas que debían llegarme» (p. 307). Luego le hace un pedido detallado de las cosas que necesita, demostrando la poca fe que tiene en recibirlas de las personas responsables. Parece que es en ese momento que Daniel queda convencido de que, obviamente, lo han abandonado. La reunión en Mompié había sido mucho más que una purga.

LA MUERTE EN EL JOBAL

Nota de Fidel Castro.

Finca El Jobal.

Sierra Maestra
Julio 24. 58. 12 p.m.

Daniel:

Trasládate bien temprano con toda tu fuerza a reforzar la posición de Véguitas. Parece que los guardias van a subir mañana y esto puede ser la gran oportunidad ya que tenemos fuerzas disponentes para atacar

Nota de Fidel Castro.

El miércoles 30 de julio de 1958 llegó Daniel a El Jobal a las siete de la mañana. Es el primer aniversario de la muerte de Frank País, y será también el día de su muerte.

La de ese día es la orden número 17 que ha recibido de Fidel Castro para dirigirse a 24 lugares durante los últimos 34 días. El comandante en jefe le ha dado a Daniel una orden cada dos días, cambiándolo de lugar cada día y medio. Lo ha enviado a participar en 10 combates, algunos de horas de duración y otros de varios días. Esos hechos no tienen paralelo en la historia bélica de los 25 meses que duró la lucha guerrillera. El que los otros comandantes tuvieran asignado un territorio a lo largo del cordón con el que se defendía la zona rebelde dificultaba sus movimientos. Esto solo era factible en el caso de un pelotón móvil que, debido a ello, permanecía casi a diario en la línea de fuego, como refleja parcialmente la Figura a continuación.

René Ramos Latour es el único comandante del M-26-7 (y, que se sepa, de todas las fuerzas guerrilleras) que cayó en campaña durante los 25 meses de existencia de la guerrilla. La Figura muestra más o menos el movimiento de Daniel y su grupo durante aquellos 34 días, que irónicamente coinciden con el tiempo que había durado la independencia de la columna 19 «José Tey» que había fundado. Durante todo ese tiempo, el comandante Daniel estuvo jugando con los dados cargados y tenía que perder.

Uno de los miembros de la guerrilla describe lo siguiente[39]: «Después de venir combatiendo casi a diario, recibió el comandante Daniel órdenes de Fidel de cortar la retirada a los soldados del comandante [Armando González] Finalé, que venían tratando de salir de la Sierra por el central Estrada Palma, tras la aplastante derrota… en Santo Domingo» (1980: 242). El miércoles 30 de julio de 1958, como mencionamos anteriormente, llega Daniel a «El Jobal» a las 7:00 de la mañana, después de recibir los primeros refuerzos de los hombres de Paz.

Muchos años después se pudo contar con el testimonio de un testigo ocular. Dariel Alarcón Ramírez (Benigno, uno de los tres sobrevivientes cubanos de la aventura de Guevara en Bolivia) afirma:

> *… sólo diecisiete de nosotros teníamos experiencia de combate, ya que los otros formaban parte del quinto contingente, mandado por los estudiantes de Santiago para incorporarse a la guerrilla. Aquellos bisoños sabían mucho de la lucha clandestina en la ciudad, pero nada de lo que era el combate en el monte. De todos modos, se tomaron las posiciones, se hizo la operación, y se dio la orden de combate (1997: 45).*

«La aviación no cesa de hostigarlos, mientras baja una columna del ejército en desbandada, pero vienen re-

---

[39] La descripción es parte de una breve reseña biográfica incluida en una compilación publicada en la isla (Sarabia 1980), donde este combatiente expone varios hechos del combate de El Jobal no explorados anteriormente.

fuerzos del central Estrada Palma… tanques pesados, tanquetas, morteros, equipo de artillería y camiones blindados. Había que cortarle la retirada, pero Daniel desconoce del refuerzo» (Sarabia 1980: 244). Es decir, de nuevo afirman que, a pesar del poderío militar que se les venía encima, y los refuerzos detrás de ellos, a Daniel no le avisan de estos últimos ni tampoco que se ha dado la orden de retirada, quedando solo con sus inexpertos santiagueros para enfrentar la peor embestida que ha recibido desde su llegada a la Sierra Maestra.

Pero existe otra versión del combate. En 2010 fueron publicados dos tomos de una obra gigantesca de Fidel Castro sobre la ofensiva y la contraofensiva de 1958 en la Sierra Maestra (2010a; 2010b). Al combate de «El jobal» Castro le dedica una cantidad excesiva de páginas escritas con profusos detalles (2010a). Como el punto neurálgico de las críticas reside en la ausencia de refuerzos para el Pelotón Móvil, Castro afirma que, la noche anterior, se subordinaron a Daniel «la tropa que comandaba Paz, y las escuadras al mando de los capitanes Pinares, Calixto García, Huber Matos y Eddy Suñol, y de los tenientes Hugo del Río, William Gálvez, Félix Duque, El Vaquerito y otros (p. 625). La larga lista de Castro la confecciona la noche anterior al combate. Después de cambiar de opinión sobre el objetivo, se decidió a atacar las fuerzas que actuaban en el exterior del cerco de las Vegas de Jibacoa. «Daniel recibió la encomienda de preparar una fuerte emboscada en algún punto escogido por él entre Arroyón y Cuatro Caminos. Su misión sería detener la salida del Batallón 23 de Arroyón» (pp. 626-627), movida de la cual Castro estaba convencido. De no ocurrir así, «Daniel avanzaría al día siguiente sobre la posición enemiga, mientras

Camilo [Cienfuegos] atacaría desde El Mango y La Llorosa por la retaguardia» (p. 627). Y agrega eufórico: «En cualquiera de las dos variantes, la victoria estaba asegurada». Castro revela que, «para esta parte de la operación, Daniel contaba con unos 120 hombres» (p. 627).[40] Continúa Castro su descripción afirmando que Daniel decide disponer su emboscada en Jobal, colocando una mina y distribuyendo a sus hombres en el firmecito del otro lado de una cañada. El terreno era casi llano y no tuvieron tiempo de preparar unas cuantas trincheras poco profundas.

Apenas terminada la labor, Daniel recibe un mensaje en el que le informan que Lalo [Sardiñas] y Guillermo [García] se habían retirado de sus posiciones en vista de la rendición del enemigo en Las Vegas, y se movían ahora rumbo al alto de El Espejo. Hay que puntualizar que Fidel Castro había situado a estos dos oficiales con 130 hombres y una bazuca, en la zona de Cuatro Caminos, a media distancia entre Cerro Pelado y Arroyón. El razonamiento de Fidel era el siguiente: «Allí su misión sería contener y rechazar cualquier refuerzo procedente del Cerro o de Estrada Palma, obviamente, con la intención de socorrer a las tropas de Arroyón y Las Mercedes. Mi ignorancia de tácticas militares me impide relacionar la derrota de los soldados en Las Vegas con el abandono de las posiciones cercanas a la emboscada de Daniel cuando sabían de la existencia de numerosos refuerzos llegados a Estrada Palma. Le avisaron una vez que esta-

---

[40] Llega a esa cifra contando que se le habían sumado las fuerzas de Pinares, y las escuadras de Hugo del Rio, William Gálvez y Calixto García, entre otras. Omite la lista que ha detallado apenas algo más de una página atrás: le faltan cinco escuadras y la antigua tropa de Paz.

ban lejos del escenario del futuro combate. Frente a esa situación, «Daniel decidió enviar a Pinares con 40 hombres a cubrir el camino que viene de Estrada Palma para proteger su retaguardia», dice Fidel, reconociendo que lo han dejado sin retaguardia. Es entonces que Castro dice: «Poco después de la salida de Pinares llegó otro mensaje en que le informaba de mi orden a Lalo y Guillermo para que ocuparan nuevamente sus posiciones, y Daniel mandó a buscar de regreso a Pinares. ¿Por qué la orden y la contraorden? No hay dudas de que es Fidel Castro quien está moviendo todas las fichas. Tan es así que él mismo reconoce que le había enviado un mensaje a Lalo y a Guillermo, cuando ya ellos estaban en camino, que decía: «Esto es el final de Batista» (p. 628). Las fuerzas del enemigo, sin embargo, eran para aterrar al más valiente:

Tal y como yo había previsto (énfasis del autor), la fuerza enemiga en Arroyón inició esa misma mañana el movimiento en dirección al Cerro y Estrada Palma. A esta tropa se le había sumado un refuerzo procedente de Las Mercedes. Al frente venía el comandante Roberto Barragán. En la vanguardia, marchaba la Compañía 84 del Batallón 21, al mando del capitán Bonilla León. A continuación, las Compañías 91 y 93 del Batallón 19, con una tanqueta T-17; al parecer, estas fuerzas habían reforzado días antes al Batallón 17 en Las Mercedes. Cubría la retaguardia de la larga columna el Batallón 23 del comandante Armando González Finalé. La tropa marchaba acompañada por una tanqueta T-17, una batería de cuatro obuses de 75 milímetros y una batería de morteros (Castro Ruz 2010a: 629-630).

Recorrido parcial de Daniel y su pelotón móvil durante sus últimos días en la Sierra Maestra.

La situación se complicaba debido a la escasez de municiones, solicitadas por Daniel el día anterior en una nota que habla por sí sola (Vecino Alegret 1992: 119):

La punta de vanguardia de las fuerzas oficiales llegó al lugar de la emboscada alrededor de las 11:30 de la mañana. Aunque la mina no explotó, Daniel ordenó disparar y se dio inicio al combate. Debido al factor sorpresa, los rebeldes causan un gran número de bajas al enemigo que hacen silencio después de un tiempo. Los hombres de Daniel se acercan temerariamente pero se dan cuenta de que la disminución del volumen de fuego se debía a que el comandante Finalé había ordenado desplegar su batería de obuses a unos 500 metros apenas de las líneas rebeldes. Junto al fuego de los morteros aparecieron los aviones, dos B-26, dos cazas F-47 y dos cazas de reacción T-33.

No es hasta este momento que Castro aclara:

> *Una parte de sus compañeros estaba compuesta por santiagueros procedentes de las filas clandestinas de esa ciudad, de quienes Daniel había sido también el comandante en la lucha del llano, y quienes le profesaban una especial admiración por la forma brillante que asumió la dirección del Movimiento 26 de Julio y la lucha en Santiago después del asesinato de Frank País, justo un año atrás, el 30 de julio de 1957 (pp. 631-632).*

Entonces narra el final:

> «*Un obús enemigo impactó directamente sobre el rancho donde estaba ubicado Daniel. La explosión no lo mató al instante, pero fueron tan graves las heridas y tan fuerte la hemorragia interna que el heroico jefe guerrillero quedó exánime*» (p. 632).

Había caído un héroe del Llano y de la Sierra. Al morir contaba con 26 años. Con la desaparición física de David primero, y de Daniel un año después, el control absoluto de la organización que Castro adquirió en el Alto de Mompié se veía ahora libre de cualquier obstáculo serio. Al igual que Frank, René gozaba de un gran prestigio entre la dirigencia y militancia de toda la isla por donde se movía con frecuencia en tareas organizativas. Su caída provocó rumores y acusaciones veladas como las que surgieron a raíz del asesinato de Frank País.

Alarcón Ramírez (1997) explica que, a pesar de ciertas irregularidades, Castro no actuó como acostumbraba debido a que «la cosa ya se podía entender, puesto que llegaron más soldados de lo que se esperaba, y además Fidel había mandado a Daniel, que no tenía ninguna experiencia, a dirigir el combate para que se fogueara, no se tomó ninguna medida drástica» (1997: 47).

Morán Arce (1980: 234), dirigente del Movimiento, fue testigo del hondo malestar que esta muerte produjo entre la militancia debido a que Daniel había sido el único comandante colocado al mando de un pequeño grupo (que él estima en cuatro escuadras) en la primera línea de combate y dejado sin refuerzos por semanas.

Una nota de Franqui (1976) en su Diario revela que el alto mando rebelde consideró ocultar la noticia de la muerte de Daniel. El día 30 escribe que no se ha recibido el parte militar de Las Vegas y considera que la noticia «hay que darla públicamente por su repercusión en Santiago, que además no comprendería que no se informara» (p. 545). El parte militar fue leído por Fidel Castro en Radio Rebelde dos días después (Vecino Alegret 1992: 143). El comandante en jefe no mencionó que

René Ramos Latour había sido asesinado en combate. Que al igual que su predecesor, había sido víctima del apetito insaciable de un Saturno que no creía en obstáculos que le obstruyeran su camino al poder absoluto. Hoy sabemos que la petición al comienzo del Prefacio de este libro se hizo cuando ya era demasiado tarde.

" Julio 29

" 4 y 30 p.m.

" Comandante:

" Quiero que me mandes a decir específicamente si bajo con toda la gente que era de Paz, la de William, etc., y qué vamos a hacer.

" Si vamos a pelear necesitamos parque 30.06 y de M–1. Esto es imprescindible. Estábamos escasos antes del combate de Providencia. Ahora hay rifles que apenas tienen balas.

" Espero noticias rápidas.

" René Ramos "

Nota de René Ramos Latour a Fidel Castro.

REFERENCIAS

Alarcón Ramírez, Dariel. 1997. *Memorias de un Solda-
do Cubano. Vida y muerte de la revolución*. Barcelona:
Tusquets Editores.

Álvarez, José. 2008. *Principio y fin del mito fidelista*.
Vancouver: Trafford Publishing.

Álvarez, José. 2009. *Frank País y la revolución cubana*.
Denver: Outskirts Press.

Álvarez Estévez, Rolando. 1999. *Un día de abril de
1958*. La Habana: Editorial Letras Cubanas.

Ameijeiras Delgado, Efigenio. 1984. *Más allá de nosotros.
Columna 6 «Juan Manuel Ameijeiras», II Frente Oriental
«Frank País»*. Santiago de Cuba: Editorial Oriente.

Anderson, Jon Lee. 1997. *Che Guevara. Una Vida Revolucionaria*. Barcelona: Emecé Editores.

Bonachea, Ramón L. y Marta San Martín. 1974. *The Cuban
Insurrection, 1952-1959*. New Brunswick: Transaction Books.

Caner Román, Acela. 2002. *La Tía*. La Habana: Ediciones Verde Olivo.

Canto Bory, Enrique. 1993. *Mi Vida: Autobiografía*.
Hato Rey: Ramallo Bros. Printing.

Castilla Mas, Belarmino. 1999. *Imborrables Recuerdos:
Memorias del Comandante Aníbal*. La Habana: Ediciones Verde Olivo.

Castilla Mas, Belarmino. 2004. *La razón de las armas o las armas de la razón*. La Habana: Ediciones Verde Olivo.

Castillo Bernal, Andrés. 2000. *Cuando esto se acabe… (De las montañas al llano)*. La Habana: Editorial de Ciencias Sociales.

Castro Ruz, Fidel. 2010a. *La victoria estratégica*. La Habana: Oficina de Publicaciones del Consejo de Estado.

Castro Ruz, Fidel. 2010b. *La contraofensiva estratégica*. La Habana: Oficina de Publicaciones del Consejo de Estado.

Castro Ruz, Raúl. 1958. *Diario de Campaña, Ejército Revolucionario «26 de Julio» Segundo Frente, Zona Norte, Columna no. 6 Frank País*. Comandancia. Informe no. 1, 20 de abril, 7:00 am. Fondo Raúl Castro Ruz, Doc. 89, Oficina de Asuntos Históricos.

_____ *Comisión de Historia de la Columna 19 «José Tey»*. 1982. *Columna 19 José Tey*. La Habana: Editorial de Ciencias Sociales.

Figueras Pérez, Luis y Marisel Salles Fonseca. 2002. *Guantánamo Insurrección. Apuntes para una cronología crítica 1958*. Guantánamo: Editorial el Mar y la Montaña.

Franqui, Carlos. 1976. *Diario de la revolución cubana*. Barcelona: Ediciones R. Torres.

Gálvez Rodríguez, William. 1991. *Frank: Entre el sol y la montaña*. La Habana: Unión de Escritores y Artistas de Cuba, 2 vols.

Guerra Alemán, José. 1971. *Barro y cenizas. Diálogos con Fidel Castro y el Che Guevara*. Madrid: Fomento Editorial.

Guevara, Ernesto. 1963. «Prólogo». *El Partido Marxista-Leninista*. La Habana: Dirección Nacional del Partido Unido de la Revolución Socialista. En Ernesto Guevara: *Obras Escogidas*. Santiago de Chile: Resma, pp. 245-252.

Guevara, Ernesto. 1990. *Obras 1957-1967*. La Habana: Casa de las Américas.

Guzmán Castro, Pastor. «El Che me pidió cambiar de nombre». *Che Entre Nosotros*. Suplemento de *Escambray*, en http://www.escambray.cu/che/nombre.html.

Iglesias Leyva, Joel. 1979. *De la Sierra Maestra al Escambray*. La Habana: Editorial Letras Cubanas.

Infante, Enzo. 2007. «La Reunión de Altos de Mompié.» En Enrique Oltuski Ozacki, Héctor Rodríguez Llompart y Eduardo Torres-Cueva (Coord.) *Memorias de la Revolución*. La Habana: Ediciones Imagen Contemporánea, pp. 323-340.

Martín, Lionel. 1978. *The Early Fidel. Roots of Castro's Communism*. Secaucus: Lyle Stuart.

Masetti, Jorge Ricardo. 2006. *Los que luchan y los que lloran (El Fidel Castro que yo vi) y otros escritos inéditos*. Buenos Aires: Nuestra América Editorial.

Massari, Roberto. 2004. *Che Guevara. Pensamiento y política de la utopía*. Tafalla: Editorial Txalaparta.

Matos, Huber. 2002. *Cómo Llegó la Noche*. Barcelona: Tusquets Editores., 2da. ed.

Morán Arce, Lucas. 1980. *La Revolución Cubana: Una versión rebelde*. Ponce: Imprenta Universitaria, Universidad Católica.

Oltuski, Enrique. 2002. *Vida Clandestina. My life in the Cuban Revolution*. New York: John Wiley & Sons.

Oltuski Ozacki, Enrique, Héctor Rodríguez Llompart y Eduardo Torres-Cueva (Coordinadores). 2007. *Memorias de la Revolución*. La Habana: Ediciones Imagen Contemporánea.

Pacheco Águila, Judas M., Ernesto Ramos Latour y Belarmino Castilla Mas. 2003. *Daniel: Comandante del Llano y de la Sierra*. La Habana: Editorial Política.

Portuondo López, Yolanda (Comp.) 1986. *30 de Noviembre: El Heroico Levantamiento de la Ciudad de Santiago de Cuba*. Santiago de Cuba: Editorial Oriente.

Rojas Blaquier, Angelina. 2006. «El Partido de los Nuevos Tiempos,» *Cuba Socialista*, en http://www.cubasocialista.cu/ texto/cs0238. htm, julio de 2006.

Sarabia, Nydia. 1980. *Tras la huella de los héroes*. La Habana: Editorial Gente Nueva.

Suárez Suárez, Reinaldo. 2001. *Un Insurreccional en dos Épocas. Con Antonio Guiteras y con Fidel Castro*. La Habana: Editorial de Ciencias Sociales (disponible en http:www.lajiribilla.cu/pdf/ libro_villena.html).

Taibo, Paco Ignacio. 1996. *Ernesto Guevara. También Conocido Como el Che*. Mexico, DF: Grupo Editorial Planeta.

Vecino Alegret, Fernando. 1992. *Rebelde: Testimonio de un Combatiente*. La Habana: Editorial Política.

Vicet Gómez, Yuzdanis. 2007. «El jefe al que queríamos y respetábamos.» *Sierra Maestra*, 28 de julio, p. 3.

ÍNDICE

* 9 7 8 1 9 4 8 5 1 7 0 2 7 *